2. überarbeitete Auflage, November 2013

Verlag Silke Volkmann

Lektorat:	online.print.audio., Susanne Reininger, mail@reininger.biz
Umschlag:	Grafikbüro Peschke, Ulf Voigt, Berlin
Autorenfotos:	Corinna Schell, schell@lifestyleportrait.de Devesh Komaromi, www.devkom.eu
Umschlagfoto:	Fotolia
Satz:	Büro für Mediengestaltung, Rainer Krassa, Potsdam

Gesetzt aus der Akzidenz-Grotesk und der Minion Pro

ISBN 978-3-9816020-0-5
Printed in Europe
www.voicepresence.info

Für Anna

Silke Volkmann

Der kleine Stimmkompass

LEBENDIG SPRECHEN – PUNKTGENAU LANDEN

21 Impulse für Haltung, Stimme, Körpersprache

Inhalt

V. Wie der Funke überspringt: So begeistern Sie Zuhörer

VI. Die Kraft der Stimme freisetzen

VII. Worte & Werte verbinden

Vorwort

Lebendig sprechen. Muss man das erst in einem Training oder durch ein Buch lernen? Und kann man es durch äußere Einflüsse überhaupt lernen? Die Antwort ist grundsätzlich: Nein. Sie brauchen es nicht zu lernen. Denn Sie und Ihr Körper, der mit vielfältigen Möglichkeiten ausgestattet ist, können es bereits. Es geht viel mehr um ein Erinnern. Ich möchte Sie mit diesem Stimmkompass vor allem an Fähigkeiten erinnern, die Sie bereits in sich tragen und ich möchte Ihnen zeigen, wie Sie sie wieder mit ins Boot holen. Außerdem gibt es einige technische Dinge, die Ihnen erleichtern werden, den Kurs zu halten. Über all dem steht die Frage, wo Sie überhaupt hin wollen mit Ihrer Stimme, mit Ihrem Sprechen. Wenn Sie sich dessen bewusst sind, wird es leicht, sich so auszurichten, dass Sie mit dem, was Sie sagen, auch punktgenau landen.

Als Neugeborene und Kleinkinder nutzen wir unsere Stimme beim Schreien und bis in die ersten Phasen des Sprechens noch auf lebendige und kraftvolle Weise. Doch im Laufe unserer Entwicklung passen wir uns häufig an, um nicht zu sehr aufzufallen oder aus dem Rahmen zu fallen, um psychisch zu „über"- leben und unserem Umfeld mit unserer Lebendigkeit nicht auf die Nerven zu gehen. Bis wir vielleicht als Erwachsene eines Tages merken, dass uns etwas fehlt: Eine Einstellung voller Selbstvertrauen und vitaler Kraft, die uns hilft, nicht nur mit ausgefeilten Worten, sondern mit unserem ganzen Wesen – also auch über den Weg der Stimme und des Körpers – bei anderen anzukommen.
Jeder macht im Laufe seines Lebens beim Sprechen seine eigenen Erfahrungen. Auch Sie haben bestimmt aus Ihren Erlebnissen beim Sprechen im privaten oder beruflichen

Bereich Schlüsse gezogen, bewusste wie unbewusste. Diese gespeicherten Annahmen über uns selbst, über andere Menschen und über das, was beim Sprechen angemessen ist, tragen wir in uns. Von dort wirken diese Überzeugungen wie ein Filter und bestimmen die Art und Weise, wie wir uns ausdrücken. Im Laufe des Lebens werden sie immer mehr zu Normen und Werten und prägen wie wir mit unserer Stimme und mit Worten umgehen.

Manche unserer Erfahrungen reichen über das Persönliche hinaus und tragen etwas allgemein Menschliches in sich. Wie reagieren wir in bestimmten Situationen? Was wünschen wir uns und wie trägt unsere Kommunikation dazu bei? Trägt sie überhaupt zur Erfüllung unserer Bedürfnisse bei? Und wodurch? Dabei spielt es eine entscheidende Rolle wie gut wir unsere Stimme, unseren Körper und Ihre Wechselbeziehung kennen und ob wir sie entsprechend steuern und einsetzen können.

Seit mehr als 20 Jahren schaue und höre ich genau hin, was beim Sprechen und allgemein bei der Stimmgebung passiert. Ich habe erforscht, was einen authentischen und dadurch überzeugenden Ausdruck unterstützt – bei Klienten in meinen Stimm- und Sprechtrainings und bei mir selbst. Damit meine Erfahrungen auch Sie weiter bringen, habe ich in diesem kleinen Stimmkompass die wichtigsten Aspekte und eine Vielzahl praktischer Anregungen für Sie zusammengestellt.

„Der kleine Stimmkompass“ ist aus einer Reihe von Newslettern entstanden, die ich über den Zeitraum von rund einem Jahr an meine Klienten und andere am Thema „Stimme“ interessierte Leser geschickt habe. Den größten Nutzen ziehen Sie aus den hier zusammengestellten Impulsen, wenn Sie die Anregungen nach jedem Abschnitt ausprobieren, bevor Sie weiterlesen. Sie können das Buch wie einen Kurs in 21 Tagen durchgehen, indem Sie jeden Morgen einen der Impulse lesen und das Gelesene im Laufe des Tages verinnerlichen und umsetzen. Wenn Sie mit den 21 Impulsen experimentiert haben, beginnen Sie – auf höherem Erkenntnisniveau – einfach wieder von vorn. Oder Sie lassen sich für jeden Abschnitt mehrere Tage Zeit, um das Gelesene auszuprobieren und in Ihren Alltag einzubauen. Fühlen Sie sich frei, auch direkt zu einem Thema zu springen, das Sie auf den ersten Blick besonders interessiert. Stimme ist ein vernetztes System. Diese Vernetzung finden Sie zwischen den einzelnen Impulsen wieder: Die einzelnen Aspekte der Stimme stehen miteinander in einer engen Wechselbeziehung. Daher passt es, wenn Sie Ihrem inneren Interesse folgend zwischen den einzelnen Kapiteln hin- und her navigieren und sich Ihre persönlichen Leckerbissen herausfischen.

Ganz gleich, welchen Rhythmus und welches Tempo Sie wählen: Ich wünsche Ihnen, dass „Der kleine Stimmkompass“ Ihnen einen umsetzbaren Kurs für authentische, zielführende Kommunikation mit anderen Menschen weist.
Es würde mich sehr freuen, wenn er Sie ermutigt und inspiriert, durch Ihre Stimme hindurch klingen zu lassen, wer Sie in Ihrem Wesenskern sind und für was Sie stehen.

Silke Volkmann

Kleine Zeichenerklärung

Folgende Symbole im Text weisen darauf hin, dass eine Aufgabe folgt, bei der Sie selber aktiv werden können:

Die Sprechblase zeigt Ihnen: Jetzt kommt eine Sprechaufgabe oder eine Anregung zum genauen Hinhören und Reflektieren.

Die Figur weist auf eine Übung im Bereich Körpersprache oder Körperwahrnehmung hin. Die Grenze zur Stimmgebung kann fliessend sein. Denn auch dabei spüren Sie ja die Resonanz Ihres Körpers.

In jedem Fall bedeuten diese beiden Zeichen „Jetzt kommt eine Aufgabe für Sie: Nach dem Lesen, Buch beiseite legen und MACHEN!“

Kapitel I: Was Stimme über die Persönlichkeit verrät

In diesen ersten beiden Impulsen stelle ich Ihnen vor, wie Stimme im Zusammenspiel mit Worten wirkt und wie sie mit unserer Persönlichkeit verbunden ist. Der Begriff „persona“ trägt das Klingen bereits in sich: Der lateinische Begriff „Personare“ bedeutet hindurchtönen. Per-sona beziehungsweise Person heißt „durch den Klang“.
Im dritten Impuls geht es um die wichtige Bedeutung der Stimme beim Flirten.

01 Impuls Nr. 1 Wie Stimme wirkt

Auf was achten Sie, wenn Ihnen jemand etwas erzählt? Auf seine Worte oder auf den Stimmklang? Bestimmt würden Sie diese Frage mit „Es kommt ganz darauf an“ beantworten. So ist es. Doch worauf kommt es an? In welchen Situationen wird der Stimmklang wichtig, in welchen eher der Inhalt der Worte?

Stellen Sie sich vor, Sie haben sich ein neues Kleidungsstück gekauft und zeigen es einem Freund oder einer Freundin. Er oder sie sagt: „Du siehst wirklich toll darin aus!“ Und jetzt stellen Sie sich vor, Sie möchten jemanden in einer fremden Stadt besuchen und fragen nach dem Weg. Ein Passant gibt Ihnen bereitwillig Auskunft: „Biegen Sie bei der zweiten Ampel links ab, dann fahren Sie hundert Meter geradeaus.“

In welcher der beiden Situationen würden Sie eher auf den Klang der Stimme achten? Die Stimme könnte beispielsweise beide Male monoton klingen. Dann würden Sie im ersten Beispiel vermutlich nicht glauben, dass der andere Sie in Ihrem neuen Kleidungsstück wirklich toll findet. Im zweiten Beispiel wäre es Ihnen vermutlich egal, wie der Passant spricht, den Sie nach dem Weg gefragt haben. Vielleicht würden Sie sich über seine monotone Stimme wundern, aber Hauptsache, Sie können ihn einigermaßen verstehen und die Wegbeschreibung stimmt.

Meinung oder Information?

Wenn es um Meinungen und Gefühle geht, wissen wir instinktiv, dass der nonverbale Ausdruck – dazu gehört neben der Körpersprache auch der Stimmklang – ehrlicher ist, während wir mit Worten manipulieren können. Deshalb achten wir in gefühlsbetonten Situationen vor allem auf den Stimmklang.

Der kalifornische Psychologe Albert Mehrabian hat zu diesem Thema im Jahr 1971 eine Studie veröffentlicht, die als „55 – 38 – 7 Regel" oft zitiert wird. Nach den Ergebnissen dieser Studie setzt sich die Wirkung einer Botschaft zu 55 Prozent aus visuellen Botschaften wie Mimik und Körpersprache zusammen, nur zu 7 Prozent aus dem Wortinhalt und zu 38 Prozent aus dem Stimmklang. Die für diese Studie angewendeten Tests beziehen sich allerdings nur auf Situationen, in denen der Sprecher ein Gefühl oder eine Haltung ausdrückt: Im Zweifel, also wenn sich der Inhalt und der nonverbale Ausdruck widersprechen, überwiegt die Wirkung des Stimmausdrucks. Meist wird die Studie jedoch falsch interpretiert und unzutreffend auf unsere gesamte Kommunikation angewendet.

Wenn es um Sachinformationen geht, haben Worte die größere Bedeutung. Sprache ist nun einmal in der Lage, präzise und differenziert Inhalte zu vermitteln. Beispiele hierfür sind eine Vorlesung an der Uni, eine gesprochene Bedienungsanleitung oder die Stimme im Navi: Hier kommt es vorwiegend auf Sachinformationen und feststehende Daten an. Natürlich ist die Kommunikation in Alltagssituationen meist nicht so eindeutig, dass wir Mitteilungen in diese beiden Gruppen – entweder in Gefühlsbotschaften oder in Inhaltsbotschaften – unterteilen können. Gesprochene Sätze enthalten oft eine Mischung aus beidem. Manchmal leiten sie auch von der sachlichen auf die Gefühlsebene über – oder umgekehrt. Eine sachlich begonnene Verhandlung kann zum Beispiel in einem aggressiven Konfliktgespräch enden. Ein gut geführtes Gespräch im Beschwerde-Management lenkt den Kunden von seinem Unmut auf der Gefühlsebene wieder zurück zur Sachlage mit einer Problemlösung – und damit auf die Sachebene. Letztlich gibt auch das wieder ein gutes Gefühl.

Stimmklang in einer verrückten Welt

Ein Beispiel für manipulativen Einsatz von Stimmklang, bei dem der emotionale Gehalt bewusst über den Inhalt einer Botschaft dominieren soll, ist Werbung. Hier geht es um eine Meinung und darum positive Emotionen für das Produkt zu wecken und nicht um sachliche Informationen zu dessen Inhaltsstoffen. Auf den Punkt gebracht: Wenn die Werbung funktioniert, kaufen wir mit einer Packung Waschpulver oder einem probiotischen Joghurt in erster Linie das gute Gefühl und erst unter ferner liefen das, was wirklich in der Verpackung steckt.

Umgekehrt verhält es sich mit Nachrichten: Hier geht es um Information, um die bewusst neutral gehaltene Mitteilung von Zahlen und Fakten, ganz gleich, um welche dramatischen Ereignisse es sich dabei handelt. Mit betont sachlicher Stimme werden Inhalte vermittelt, die starke Emotionen auslösen könnten, würde man sie emotionaler vortragen. Wenn über die Entlassung eines Regierungssprechers im gleichen Tonfall gesprochen wird, wie über eine Bombenexplosion, bei der es Tote und Schwerverletzte gab, spüren wir kaum Unterschiede zwischen dem Gehalt der verschiedenen Nachrichten. Im Gegensatz zu einem emotional inszenierten Werbespot lässt die klassische Nachrichtenpräsentation erst gar keine plastischen Bilder oder tiefer gehenden Emotionen beim Zuschauer oder Zuhörer entstehen. Wir sind über die aktuellen Tatsachen informiert und gehen gleich danach wieder zur Tagesordnung über.

Wie Stimme Inhalte einfärbt

Werden Sie in den nächsten Tagen hellhörig, wenn Sie die Menschen in Ihrer Umgebung sprechen hören: Geht es um eine Sachinformation oder um eine persönliche Meinung, also ein Gefühl? Ist dem Sprecher selber bewusst, was er mitteilt? Passt seine Art, die Stimme zu gebrauchen, zum Thema und zu seiner Absicht? Oder vermittelt der Stimmklang eine ganz andere Information als der Inhalt der Worte? Ist diese Abweichung gewollt, wie beispielsweise bei Ironie, oder unbewusst?

Seien Sie dabei achtsam! Wir sind sehr daran gewöhnt, nicht genau hinzuhören. Oft sollen Worte ein Gefühl ersetzen. Doch das funktioniert nicht, denn unbewusst erspüren wir den Ton, der die Musik macht: „Gu-ten Mor-gen!" ruft die Lehrerin, „Guuu-ten Moooor-geeeeen" skandiert die Klasse im Chor. Der Unterton auf beiden Seiten, eine nach unten abfallende Tonhöhe, signalisiert: „Ach, jetzt geht diese einschläfernde Routine schon wieder los." Wie bitte?

Guten Morgen? Sprechen Sie doch mal selbst „Guten Morgen“ – einmal mit aufsteigender und einmal mit abfallender Tonmelodie. Sie werden hören: Der Tonfall macht den Unterschied!

Sicher fallen Ihnen selbst in den nächsten Tagen etliche stimmige und unstimmige Beispiele auf. Ich wünsche Ihnen viele interessante Entdeckungen beim genauen Hinhören!

Noch was …

Nicht Worte sollen wir lesen,
sondern den Menschen, den wir hinter den Worten fühlen.

Samuel Butler

02 Impuls Nr. 2
Stimme und Persönlichkeit

Wenn wir jemanden sprechen hören, den wir noch nicht kennen, machen wir uns über den Stimmklang eine Vorstellung von seinem Äußeren. Folglich assoziieren wir hinter einer ansprechenden Stimme auch eine ansprechende körperliche Erscheinung. Dabei trifft das keineswegs immer zu: Wer eine wohlklingende Stimme hat, muss äußerlich nicht dem gängigen Schönheitsideal entsprechen. Andererseits gibt es Menschen, die wunderschön aussehen, doch sobald sie den Mund zum Sprechen öffnen, merkt man dass die Schönheit vor der akustischen Ebene abrupt haltgemacht hat.

Doch der Stimmklang ruft nicht nur in Bezug auf das äußere Erscheinungsbild eines Menschen Vorstellungen in uns wach. Unbewusst koppeln wir die Stimmqualität auch mit den Charaktermerkmalen des Sprechers. Wer sonor klingt und mit fester Stimme spricht, erweckt einen vertrauenswürdigen und kompetenten Eindruck. Wer hingegen eine hohe oder gar piepsige Stimme hat, kann noch so kompetent sein: Es wird ihm oder ihr weniger zugetraut. Frauen haben durch die kürzeren Stimmlippen meist von Natur aus eine etwas höhere Stimmlage. Wenn sie zudem verhalten und mit schwacher Stimme sprechen, kommen sie in Meetings oder Betriebsversammlungen mit ihren Beiträgen häufig nicht an. Auch dann nicht, wenn sie gehaltvolle Inhalte zu bieten haben. Ebenso werden auch leise oder monoton sprechende Männer leichter überhört, unabhängig von ihrem Wissen und ihrer Kompetenz.

Deshalb kann man sich fragen: Was hat die Stimme tatsächlich mit der Person, der Persönlichkeit eines Menschen zu tun? „Per-sona“ bedeutet ja „durch den Klang“. Meine langjährigen Beobachtungen bringen mich zu der Erkenntnis, dass der Stimmklang anzeigt, wie sehr ein Mensch sich selbst mit seinen Stärken und Schwächen kennengelernt, man könnte sagen „als Wesen durchdrungen" hat. Diese Selbstkenntnis auf der einen und eine sich akzeptierende, liebevolle Haltung auf der anderen Seite spielen beim Sprechen eine wichtige Rolle. Beide zusammen münden in einen psychisch und physisch angemessenen Umgang mit sich selbst. Der Stimmklang zeigt an, wie tief jemand atmet und welche Bereiche seines Körpers er als Resonanzräume mitschwingen lässt. Doch tief atmen kann nur, wer in der betreffenden Situation eine gewisse Portion Gelassenheit und Selbstsicherheit mitbringt.

Wir hören auch, wenn jemand chronische Spannungen hat, den Mund beim Sprechen kaum öffnet, wenn er eine lockere oder schlaffe Haltung einnimmt. Wir hören, ob jemand seine Meinung in lebendig kraftvollem Ausdruck fließen lässt und der ganze Körper daran beteiligt ist, oder ob jemand nur aus dem oberen Drittel seines Körpers – dem Hals- und Brustbereich – spricht. Wir können weder das Aussehen eines Menschen noch sein Wissen hören. Wir hören aber, wie weit er als Persönlichkeit über seine Stimme „sichtbar" wird und welche Aspekte seines Wesens er lebt. Stimmklang könnte man insofern als den Ausdruck der „inneren Gestalt" eines Menschen bezeichnen. Diese innere Gestalt besteht aus einem nach innen und einem nach außen gerichteten Aspekt. Zum einen ist es die Fähigkeit eine Bandbreite von Empfindungen und Gefühlen in sich wahrzunehmen und emotional zu verarbeiten. Der nach außen gerichtete Anteil ist die vitale Kraft, diese Gefühle im Stimmklang auch auszudrücken und sich damit zu zeigen. Bewusst verarbeitet bildet beides letztendlich die Fähigkeit auch mit Worten für sich einzustehen, also Profil zu bekennen.

Wer seine Stimme trainiert, arbeitet deshalb gleichzeitig an seiner inneren Gestalt. Das heißt, er verfeinert seine Selbstwahrnehmung und entfaltet seine körperlich-kraftvolle Präsenz, mit der er Raum einnimmt und mit anderen in Kontakt tritt. Oft tauchen dabei lange verschüttete Wesenszüge der Persönlichkeit auf. Sie werden nicht nur in der Stimme hörbar, sondern können, einmal ins Bewusstsein gebracht, aktiv als Eigenschaften gelebt werden. Insofern wirkt Stimmtraining als Katalysator für die persönliche Entwicklung in verschiedene Lebensbereiche hinein.

Ab und zu kommt es auch vor, dass Menschen, die um die Macht der Stimme wissen und entsprechend trainiert sind, in Stimm-Eitelkeit verfallen. Bei Ihnen ist hinter der wohlklingenden Sprechtechnik keine echte Gefühlsregung mehr zu spüren. Wenn wir achtsam sind, hören wir auch das: eine beruflich bedingte Betriebsblindheit – die sogenannte „déformation professionnelle".

Anregungen für die Praxis:

- **Stimmklang, Charakter und äußere Erscheinung** – Wenn Sie mit jemandem telefonieren, den Sie erst später persönlich kennenlernen, achten Sie mal auf den Eindruck, der allein über den Stimmklang in Ihnen entsteht: Wie groß ist die Person? Welche Figur hat sie? Welchen Kleidungsstil vermuten Sie? Und was für Charaktermerkmale vermuten Sie bei Ihrem Gesprächspartner? Durch welche Klangqualität entsteht diese Vorstellung? In welchen Körperbereichen schwingt die Stimme Ihres Gesprächspartners: Hören Sie durch eine gequetschte, enge Stimmqualität eher den Halsbereich, durch hellen offenen Klang eher den Brustbereich oder durch dunklen voll tönenden Klang den Bauch- und Rückenbereich?

Lassen Sie sich beim Treffen überraschen, welche Ihrer Vorstellungen zutrifft – also was „stimmt".

- **Die eigene Klangqualität beim Sprechen** – Für Sie selbst als Sprecher oder Sprecherin: Welche Qualität ist Ihnen in Gesprächen wichtig und welcher Klang gehört dazu? Stellt er sich automatisch ein, so dass Sie das Gefühl bekommen, „es" stimmt? Oder hilft es Ihnen, wenn Sie sich innerlich bewusst auf Ihr Sprechen einstellen?

- Gibt es einen Unterschied zwischen Ihrer privaten und Ihrer beruflichen Stimme? Wenn ja, worin liegt er?

- Wo genau spüren Sie beim Sprechen Ihre Stimme im Körper? Sie können zum Spüren der Resonanz Ihre beiden Hände auf den Brustkorb und am unteren Rippenbereich anlegen.

- In welchen Situationen sind Sie zufrieden mit Ihrer Stimme? Wie nehmen Sie Ihre Stimme dann wahr? Was sehen Sie als Ihre stimmlichen Schwachpunkte? Wen könnten Sie um ein ehrliches Feedback zu Ihrer Stimme bitten? Tun Sie es!

Noch was …

„To open the voice is to open your personality."
Kristin Linklater, Stimm- und Schauspieltrainerin

„Achte nicht auf die Maske,
sondern lausche auf die Stimme,
wenn Du einen Menschen kennenlernen möchtest."
Alexander Lowen, Begründer der Bioenergetik

03 Impuls Nr. 3 Die Stimme beim Flirten

Überdurchschnittlich gebildete Menschen achten außer auf das Gesicht vor allem auf den Stimmklang, wenn sie eine neue Bekanntschaft machen. Das zeigte eine Studie, die das Meinungsforschungsinstitut Forsa im Jahr 1998 für die Zeitschrift GEO durchführte. „Worauf achten Sie besonders, wenn Sie jemanden zu ersten Mal treffen?", darauf antworteten rund 40 Prozent der Befragten: die Stimme.

„Zuerst verliebe ich mich in die Stimme, dann in den Menschen", so brachte es eine Teilnehmerin meiner Sprechseminare treffend auf den Punkt. Am Anfang entscheidet in hohem Maße die äußere Erscheinung eines Menschen darüber, ob wir ihn attraktiv finden. Doch auch der Geruchssinn spielt eine wichtige Rolle, daher kommt die Redensart „jemanden gut - oder nicht gut - riechen können". Ebenso hat die Stimme ein entscheidendes Wörtchen mitzureden, wenn es darum geht, ob wir jemandem näher kommen oder nicht. Viele Menschen lernen ihren Partner sogar zuerst am Telefon kennen. Und beim Telefonieren macht die Wirkung des Stimmklangs im Vergleich zum Inhalt der Worte sogar 84 Prozent aus!

Wenn wir jemanden dann persönlich treffen und ihn auf allen Sinneskanälen gleichzeitig wahrnehmen, kann die Entscheidung allein durch den Stimmklang noch in die andere Richtung ausschlagen. Stellen Sie sich einen attraktiven Menschen vor, der stets alle Blicke auf sich zieht. Er oder sie öffnet den Mund und spricht mit quakender, piepsiger oder gequetschter Stimme. Wie verändert sich Ihr Eindruck? Oder es beginnt ein völlig unscheinbarer Mensch zu sprechen: mit warmer, lebendiger Stimme. Wem würden Sie sich eher zuwenden?

Wie eine Massage: Die Stimmresonanz im Körper

Bei tieferen Stimmen schwingt die Stimme besonders stark im Körper, sie wirkt wie eine subtile Massage. Weil wir mit der Schwingung des Sprechers unwillkürlich in Einklang gehen, ziehen uns sonore Stimmen besonders an. Wir hören und spüren das Körpergefühl, den körperlichen Zustand des anderen. Das erklärt auch, warum jemand, der entspannt ist und in sich ruht, attraktiver wirkt.

Charakter durch die Stimme

Weil wir über die Stimmqualitäten unbewusst Rückschlüsse auf die charakterlichen Eigenschaften des Sprechers ziehen, wirken tiefe, volle Stimmen selbstbewusst und kompetent, während wir hinter einer höheren, dünnen Stimme eher jemanden vermuten, der unsicher und angepasst ist. Je nach Sprechweise kann ein Mensch in uns verschiedenene Ebenen anklingen lassen: Behauchtes Sprechen wird meist als sinnlich und erotisch empfunden, ein klarer Stimmklang dagegen wirkt sachlicher. Soweit jedenfalls die Kurzformel.

Frauen- und Männerstimmen

Frauen empfinden tiefere Männerstimmen als sehr attraktiv. Es liegt in der Natur der männlichen Stimme, dass sie mehr Frequenzen im tieferen Klangspektrum enthält. Für Männer kann man das in Bezug auf Frauenstimmen nicht einfach umkehren. Sicher gibt es einige Herren, deren Beschützerinstinkt erwacht, wenn sie eine Frau mit Piepsstimmchen hören. Doch das dürfte nicht die Regel sein. Die Frage ist auch, möchte frau einen Mann für sich gewinnen, der vor allem das archaische Rollenmodell des Beschützers bedient?

Frauenstimmen bewegen sich in den letzten Jahrzehnten in tieferen Frequenzbereichen. Das liegt nicht nur an der zunehmenden Körpergröße, sondern auch daran, dass hohe mädchenhafte Stimmen, wie sie noch in den 30er-Jahren „in" waren, nicht mehr zum heutigen Frauenbild passen. Beim Kennenlernen geht es meiner Meinung nach darum, sich nicht zu verstellen. Für Frauen wie Männer heißt das, in ihrer natürlichen Tonlage zu sprechen. Hier ist die Stimme am ausdrucksvollsten und transportiert am lebendigsten, was im Sprecher tatsächlich vor sich geht. Die Stimme ständig künstlich höher zu legen – ich nenne das bei Frauen, ohne jemandem persönlich näher treten zu wollen, die „Fachverkäuferinnen-Stimme" – ist nicht zweckmäßig. Die Stimmqualität eines hoch gehauchten „Darf es sonst noch etwas sein?" kann man hinter der Brottheke noch verkraften. Aber für längere Gespräche wird diese Sprechweise anstrengend – beim Sprechen wie beim Hören.

Wie finden Sie Ihre natürliche Sprechtonlage?

Sprechen in optimaler Tonhöhe

Mit der folgenden Stimmübung zur Indifferenz-Lage entwickeln Sie ein Gefühl für Ihre natürliche Stimmhöhe: Sprechen Sie auf einer angenehmen Sprechtonlage ein „Mhmm". Das ist der gleiche Laut, den wir am Telefon als Bestätigung und Zeichen des Zuhörens machen. Spüren Sie, wo genau Sie die Resonanz im Körper wahrnehmen. Dazu können Sie Ihre beiden Handflächen leicht auf den Brustkorb legen: „Mhmm". Dann legen Sie sie an Ihre Flanken, an das Ende der Rippenbögen. Vor allem im ersten Teil des „Mhmmms" dürften Sie auch hier die Schwingung Ihrer Stimme spüren. Machen Sie einige Male „Mhm – mhm", bis Ihnen die Schwingung und Tonhöhe vertraut geworden sind. Öffnen Sie dann die Stimme auf der gleichen Tonlage zu einem „Ja". Um die Tonhöhe zu behalten, können Sie auch „mhm ja ..."

kombinieren. Sprechen Sie es mehrmals und danach auf der gleichen Tonlage „Ja, ja, eins, zwei, drei". Achten Sie darauf, dass Sie weiter die Schwingung in Ihrem Körper wahrnehmen und sie beibehalten. Sprechen Sie nun einen beliebigen Satz, der immer wieder durch diese stark schwingende Tonlage streift. Wenn Sie die Tonhöhe verlieren, formen Sie zwischendurch wieder ein „Mhm-mhm". Oder kontrollieren Sie kurz mit Ihren Händen, ob Sie die Resonanz noch im Brustraum und im Bereich darunter spüren können. ○

Übrigens ist diese kleine Übung ist auch sehr hilfreich, wenn Sie aufgeregt sind und die Befürchtung haben, dass Ihre Stimme zu hoch rutscht. Denn so bereiten sie Ihre Stimme optimal vor – nicht nur fürs Flirten, sondern natürlich auch für viele andere Sprechsituationen.
Ein wichtiger Hinweis: Es geht nicht darum, monoton zu werden, sondern darum, mit Ihrer natürlichen Sprechmelodie den hier beschriebenen, leicht schwingenden Bereich oft zu durchstreifen.

Jemanden ansprechen

Was können Sie tun, wenn es Ihnen schwer fällt, eine fremde Person anzusprechen?
Ein einfacher Einstieg ins Flirten ist der Smalltalk mit Menschen, die man noch nicht kennt. Ich nenne es schlicht Alltagsflirten. Denn so, wie erotisch motiviertes Flirten hat es mit Wertschätzung des Gegenübers zu tun – und mit der unterschwelligen Botschaft „Ich sehe Dich". Fremde Menschen anzusprechen kann man trainieren, indem man gezielt übt, Komplimente zu machen. Sie können Ihre Wertschätzung für alle äußerlich wahrnehmbaren Dinge ausdrücken oder für ein besonders angenehmes Verhalten, das Ihnen auffällt.

Ansprechen üben

Fragen Sie auf der Straße einfach jemanden nach dem Weg, nach öffentlichen Gebäuden oder beim Einkaufen im Laden nach einem Produkt, das Sie suchen. Kurz vor Ende des Gesprächs finden Sie eine Kleinigkeit, für die Sie dem anderen ein Kompliment machen. Es kann ein Kleidungsstück, eine Verhaltensweise, seine Ausstrahlung oder etwas anderes sein. Wenn zu Ihren Worten noch Ihr angenehmer Stimmklang kommt, werden Ihre Gesprächspartner nach diesem Treffen mit Ihnen garantiert davon schweben! ○

Flirten im Alltag

Auch wenn es Ihnen nicht ums Flirten geht: Eine kurze freundliche Bemerkung oder eine persönliche Frage an die Verkäuferin an der Kasse, ein kleines Kompliment an den Kollegen, ein humorvoller Dialog mit dem Wartenden an der Ampel: Gelegenheiten für Smalltalk mit Aufmerksamkeit für das Gegenüber oder mit einer Prise Humor gibt es überall. Wir alle sind Gestalter der Atmosphäre, in der wir uns bewegen und die auf uns selbst zurückwirkt.

Üben Sie doch mal, Ihrem Gegenüber spontan ein Lächeln zu entlocken. Meistens ist das gar nicht schwer. Vor allem nicht, wenn Sie mit Menschen beginnen, die sie nicht oder nur flüchtig kennen. Falls Sie das Alltagsflirten nicht ohnehin schon lange in Ihr Leben einbauen, werden Sie sehen: Die Stimmung steigt. Für alle.

Noch was …

Sieben Tage für Komplimente – Einladung zu einem Experiment

Sprechen Sie in den nächsten sieben Tagen zehn verschiedene Menschen an, die Sie noch nicht kennen. Machen Sie mindestens sieben davon ein Kompliment. Das gibt Ihnen den Spielraum, auch einfach bei einer sachlichen Frage oder Bemerkung zu bleiben, wenn Ihnen tatsächlich nichts anderes ein- oder auffällt. Seien Sie dabei ehrlich: Drücken Sie Ihre Wertschätzung wirklich nur aus, wenn Sie es auch meinen. Sie können sich auf ganz kleine Dinge beziehen. – Doch eigentlich gibt es keine kleinen Dinge!

Kapitel II: Den Körper stimmen – Stimme verkörpern

In den nächsten drei Impulsen geht es um eine Ebene, die für jeden gut sichtbar ist – im wahrsten Sinne des Wortes offensichtlich – und unser Innenleben an die Oberfläche bringt: die Körpersprache. Unser Körper bildet den Raum, in dem die Stimme schwingt: Jede körperliche Veränderung bringt auch eine Veränderung des Stimmklangs mit sich.

04 Impuls Nr. 4 Die Körperhaltung

Bauch rein – Brust raus? Diese verspannte Haltung war einmal. Doch worauf sollte man bei der Körperhaltung tatsächlich achten? Und was hat das mit der Stimme zu tun?
Die meisten Menschen gehen, stehen und sitzen nicht mehr aufrecht. Wir leben in einer Sitzkultur, in der man sich seine Haltung leicht verderben kann: vom Bürostuhl ins Auto und wieder zurück. Doch es gibt gleich mehrere Gründe, sich seiner Haltung bewusst zu werden:

- Natürliche Gesundheit: Die Rückenmuskulatur und die Bandscheiben werden entlastet. Sie haben weniger Rückenschmerzen.
- Mehr Präsenz und Vitalität: Mit einer aufrechten Haltung wirken und sind Sie vitaler und präsenter. Auch als älterer Mensch wirken Sie – allein dadurch, dass Sie aufrecht gehen – bedeutend jünger als andere Altersgenossen.
- Eine verbesserte Selbstwahrnehmung: Kleine Haltungs-Checks, die nach einer bewussten Übungsphase immer selbstverständlicher in den Alltag einfließen,

verbessern Ihre gesamte Selbstwahrnehmung. Denn beim Überprüfen Ihrer Körperhaltung werden Sie sich gleichzeitig auch Ihrer inneren Einstellung bewusst.

Für die Stimme wirkt sich eine aufrechte Haltung vor allem in zwei Bereichen aus:
Durch eine volle Entfaltung der Lungenflügel nimmt das Atemvolumen zu: Die Stimme klingt voluminöser und kräftiger.
Eine Streckung im Hals-Nacken-Bereich schafft mehr Raum im hinteren Rachen: Die Stimme wird klarer und das Sprechen müheloser.

Den Körper aufrichten

Probieren Sie gleich mal aus, wie es sich anfühlt, sich körperlich aufzurichten.
Dazu können Sie sich verschiedene Stationen entlang der Körperachse vorstellen:

Station 1: Die Füße
Stellen Sie sich hüftbreit hin, die Füße etwa parallel zueinander, das Gewicht gleichmäßig auf beide Füße verteilt. Die großen Zehen zeigen nach vorn oder minimal nach innen.

Station 2: Die Knie
Strecken Sie die Knie nicht durch, sondern beugen Sie sie ganz leicht. Nur so wenig, dass man es von außen kaum sieht. Im Vergleich zum Stand mit durchgedrückten Knien haben Sie dadurch einen besseren Kontakt zum Boden und Ihr Körper kann sich durch minimal schwingende Bewegungen immer wieder neu ausbalancieren. Das wirkt sich auch auf die Körpersprache günstig aus.

Station 3: Das Becken

Kippen Sie die Hüfte mit dem unteren Bereich des Beckens leicht nach vorn. Dadurch wird der Bereich der Lendenwirbelsäule nach unten gedehnt. Die einfache Formel gegen ein Hohlkreuz lautet: Hinten verlängern – vorne verkürzen. Das heißt, den Lendenwirbelbereich nach vorne und nach unten kippen, den unteren Bauchraum etwas nach innen ziehen, so als wollten Sie die Strecke zwischen Schambein und Bauchnabel verkürzen.

Station 4: Das Brustbein *Besonders wichtig!*

Das Brustbein ist ein sehr wichtiger Punkt für die Aufrichtung. Sie finden ihn, indem Sie Ihren Oberkörper in die Position „General mit Orden auf der Brust“ bringen. Dabei spüren Sie, wie sich ein knochiger Punkt in der Mitte der Brust nach vorn schiebt: das Brustbein. Dann zugleich die Schulterblätter etwas nach hinten ziehen. Lassen Sie jetzt die übertriebene Brust-raus-Position los, bis das Brustbein ungefähr auf eine gedachten Geraden mit den beiden Schultern liegt.

Station 5: Der Scheitelpunkt *Besonders wichtig!*

Stellen Sie sich vor, dass sich an dem höchsten Punkt Ihres Kopfes ein feiner Faden befindet, der Sie sanft in Richtung Himmel zieht. Seien Sie aufmerksam: Wo ist dieser höchste Punkt genau? In der Regel ist es der Scheitelpunkt, auf jeden Fall liegt der höchste Punkt relativ weit hinten am Kopf. Sie können seine Position finden, indem Sie sich eine Linie vorstellen, die Ihre Wirbelsäule verlängert. Diese Linie läuft im Bereich der Ohren durch die Kopfmitte. Der Punkt, an dem die verlängerte Wirbelsäule den Kopf verlassen würde, strebt beim Aufrichten nach oben. ○

Wenn Sie sich die Anregungen zu den fünf Stationen durchgelesen haben, können Sie jetzt aktiv werden: Lesen Sie den

Text nochmal Abschnitt für Abschnitt durch und setzen Sie die Impulse direkt um. Für Station eins bis drei sollten Sie stehen, Station vier und fünf können Sie zunächst auch im Sitzen ausprobieren. Die Wirkung auf Ihre gesamte Körperachse spüren Sie, wenn Sie zum Schluss im Stehen die Positionen in allen Stationen miteinander kombinieren.

Eine Anregung für Ihren Alltag:
Nutzen Sie ab heute die Momente, in denen Sie stehen und warten – zum Beispiel auf den Bus, das Taxi, vor dem Kopierer oder beim Check-In im Flughafen – zum Experimentieren mit einer aufrechten Körperhaltung. Ohne großen Zeitaufwand geht Ihnen die aufrechte Haltung dadurch immer mehr in Fleisch und Blut über.

Im Vergleich zu Ihren bisherigen Haltungsgewohnheiten kann sich diese neue Haltung am Anfang unbequem oder anstrengend anfühlen. Der Grund: Ihr Muskelsystem ist in einigen Bereichen nicht mehr daran gewöhnt, sich stärker zu dehnen oder mehr loszulassen als es Ihrer Bequemhaltung entspricht. Strecken und dehnen Sie Ihren Körper deshalb regelmäßig und nehmen Sie ganz bewusst so oft wie möglich kurzzeitig eine aufrechte Haltung ein, damit sie Ihnen nach und nach zur Gewohnheit wird. Zwischendurch werden Sie immer wieder in Ihre alte Haltung zurückfallen. Bleiben Sie entspannt, das ist völlig normal. Belohnen Sie sich innerlich auch dann, wenn Sie sich einmal in einer krummen Haltung ertappen – allein für das Bemerken. Sich selbst überhaupt wahrzunehmen ist ein erster wichtiger Schritt für Veränderungsprozesse. Wenn Sie liebevoll und geduldig mit sich sind, fördern Sie Ihre eigene Motivation.

Menschen sind lustbetonte Wesen: Sobald es Ihnen Freude macht, mit Ihrer Körperhaltung zu experimentieren, werden Sie auf Dauer auch dran bleiben.

Wenn Sie sich unsicher sind, ob Sie wirklich gerade stehen, suchen Sie sich einen Spiegel, noch besser einen Feedback-Partner oder eine Partnerin, der oder die Sie wohlwollend kritisch von der Seite anschaut.

Noch was ...

Wissen Sie im Alltag zwischendurch manchmal nicht, wo Ihnen der Kopf steht, was Sie als erstes tun sollen oder ob es noch etwas Wichtigeres gibt?
Den folgenden Satz mit seiner ebenso einfachen wie beruhigenden Gewissheit finde ich in solchen Momenten sehr unterstützend. Vielleicht geht es Ihnen auch so:

„Wenn Du Dich fragst, wo Du gerade sein sollst, schau, wo deine Füße sind."

Wir sind in jedem Moment genau da, wo wir sein sollen. Dieser Workshop bleibt oft unerkannt, weil er nichts zusätzlich kostet. Er heißt schlicht und einfach: Leben!

Das ist schon fast eine Überleitung zum nächsten Impuls. Gleich geht es nämlich weiter mit der Wechselwirkung zwischen innerer und äußerer Haltung. Wie wir eine Situation interpretieren drückt sich unmittelbar in unserer Körperhaltung aus. Kann man diesen Prozess auch umdrehen und ausgehend von der Körperhaltung zu einer positiven Interpretation der Situation kommen? Lesen Sie selbst ...

05 Impuls Nr. 5
Die innere Haltung

Es ist kein Zufall, dass der Begriff „Haltung“ sowohl unsere Körperhaltung als auch unsere innere Haltung, also die gedankliche wie gefühlsmäßige Einstellung bezeichnet. Unser Innenleben und unser Ausdruck stehen in einer engen Wechselwirkung miteinander. Intuitiv wissen wir das. In Gesprächen beziehen wir neben den Worten auch die körperliche Haltung unserer Gesprächspartner ein und reagieren auf die Einstellung, die wir daraus meistens folgerichtig ableiten. Wie können Sie dieses Wissen im täglichen Leben für sich nutzen?

Von Innen nach Außen

Im Alltag denken wir normalerweise nicht über unsere Körperhaltung nach. Sie entsteht auf spontane Weise aus unserer inneren Einstellung heraus. Unsere Gefühle wirken direkt auf unsere Muskelspannung – auf die Spannung sämtlicher Muskeln im Körper, im Gesicht und auch auf die Muskeln des Stimmapparates, also auf den Stimmklang. Dieser Prozess läuft unmittelbar ab und ist so subtil, dass wir ihn kaum bemerken.

In manchen Situationen würde uns eine andere Körperhaltung mehr unterstützen als die, die wir mit unserem Körper unbewusst einnehmen. Zum Beispiel in Prüfungen, beim Flirten, wenn wir aufgeregt sind und gern gelassener wären und wenn wir eigentlich schon müde sind, aber noch wach und aktiv sein möchten.
Um unseren Ausdruck zu verändern, haben wir die Möglichkeit unsere innere Haltung zu beeinflussen: Durch andere Gedanken zu der Situation verändern wir auch unsere Gefühle. Wir können beispielsweise wie im Neurolinguistischen Programmieren (NLP) positive Bilder und Gefühle

atmen und dabei in Ihren Bewegungen etwas langsamer zu werden.

- Wenn Sie beim Sprechen nervös sind: Gelassene Menschen haben ein gemäßigtes Sprechtempo und machen auch mal eine Pause beim Sprechen. Kopieren Sie dieses Verhalten. Die Pause verschafft Ihnen Zeit zum Atmen und um ruhiger zu werden. ○

> Von innen nach außen und zurück
>
> Der Dialog
> zwischen Körpersprache und innerer Einstellung
> ist wie ein Tanz.
> In den besten Momenten weiß man nicht,
> wer wen führt.

Keiner der beiden Wege, von innen nach außen oder von außen nach innen, ist besser als der andere. Es sind schlicht und einfach zwei Möglichkeiten der Selbststeuerung, die Ihnen – je nach Situation und Vorliebe – zur Verfügung stehen. Das Ziel ist einfach, dass Sie sich wohl fühlen und in der Situation aufgehen können, weil Ihnen Ihre Energie in vollem Umfang zur Verfügung steht.

Noch was …

Fake it until you become it:
„Power Posing“ für Gelassenheit und Selbstsicherheit

Die amerikanische Sozialpsychologin Amy Cuddy hat in Versuchen herausgefunden, dass Menschen, die vor Stresssituationen zwei Minuten lang in eine Siegerpose gehen, also beim Sitzen oder Stehen mit dem Körper viel Raum einnehmen, bedeutend gelassener mit Stress umgehen als Menschen, die sich im gleichen Zeitraum zusammenkauern, wie es oft aus Angst der Fall ist. Durch raumgreifende Haltungen (engl.: Power Posing) steigt der Testosteronspiegel, der für ein Gefühl von innerer Sicherheit und Selbstvertrauen verantwortlich ist. Diese Wirkung hält in der darauf folgenden Situation an, selbst wenn die Körperhaltung wieder verändert wird.

Das Wertvolle an dieser Methode der Selbststeuerung ist, dass sie uns neue Erfahrungen ermöglicht, die wiederum auf unser Selbstbild zurückwirken. In der konsequenten Folge verändern wir uns tatsächlich: Wir werden kraftvoller und glücklicher. Fake it until you become it!

06 Impuls Nr. 6 Stimme und Gesten

Genug der Haltungen. Jetzt kommt Bewegung in den Körper! Und Sie werden hören, auch in die Melodie Ihrer Stimme. Die Stimme lebt – mit Gesten!

Es ist eine der natürlichsten Reaktionen der Welt: Sobald wir ganz in einem Thema aufgehen, setzen wir beim Sprechen die Hände ein. Die Stimme profitiert von dieser Unterstützung der Hände durch eine lebendige Sprachmelodie (Modulation) und eine deutlichere Aussprache (Artikulation). Beides hängt auch mit der Körperspannung zusammen. Wenn wir Gesten einsetzen, haben wir einen guten Körpertonus (Muskel- bzw. Körperspannung): weder zu schlaff, noch zu angespannt. Also genau richtig für die Stimme.

Wenn Sie sich das Sprechen mit den Händen abgewöhnt haben, brauchen Sie vielleicht einige unterstützende Maßnahmen, bis Sie die natürlichen Bewegungen der Hände wieder zulassen können. Doch das sind nur kleine Hilfsmittel. Denn sobald Sie von etwas begeistert sind und sich in angenehmer Atmosphäre befinden, sprechen auch Sie mit Ihren Händen. Beobachten Sie sich doch mal, wenn Sie das nächste Mal unter Freunden von einem bewegenden Erlebnis erzählen!

Mit diesen unterstützenden Maßnahmen können Sie gleich auf mehreren Ebenen konkret ansetzen:

Die körperliche Ebene

Beginnen wir mit der Körperhaltung bzw. greifen wir noch einmal auf, was einen aufrechten und gleichzeitig souverän entspannten Stand ausmacht: Dazu gehört eine minimale Schwingbewegung. Sie entsteht dadurch, dass Sie Ihre Knie nicht ganz durchdrücken und zulassen, dass Ihr Körper sich mit minimalen Bewegungen ständig neu ausbalanciert. Aus dieser leicht schwingenden Bewegung heraus ist es bedeutend leichter die Hände zu einer Geste zu erheben, als aus einer starren Haltung. Wo bereits Bewegung ist, entsteht wie von selbst noch mehr Bewegung.

Ein kleines Aufwärmprogramm für die Hände

Beziehen Sie beim Aufwärmen von Körper und Stimme auch Ihre Hände und deren Beweglichkeit mit ein. Strecken Sie die Finger bis zur vollen Spannung, schütteln Sie sie aus, spielen Sie in der Luft Klavier, verschränken Sie die Finger beider Hände und wechseln Sie dabei die Seiten, so dass mal der rechte, mal der linke Daumen vorn ist. Rotieren Sie mit verschränkten Händen Ihr Handgelenk in beide Richtungen. ○

Diese Bewegungen für die Hände kann man ganz einfach in den Alltag einbauen: Wie wäre es mit einer kleinen Finger- und Handgymnastik während einer Schreibpause am Computer?

Die mentale Ebene

Stellen sie sich genau vor, wovon Sie sprechen und lassen Sie es imaginär mit Ihren Händen entstehen.
Folgende Anregung unterstützt Sie dabei:

Die Hände mit der Vorstellungskraft verbinden

Sind es verschiedene, vielleicht auch abstrakte Elemente, die Sie zeigen können? Deuten Sie mit den Händen an, in welcher räumlichen Beziehung diese Elemente zueinander stehen, welche Größe und Anordnung sie haben.
Wenn Sie sich in Bildern oder konkreten Ordnungssystemen bewegen, ist es recht einfach entsprechende Gesten zu finden.
Zum Beispiel bei „einerseits – andererseits": Die Hände weisen nach rechts und nach links.
Bei „erstens – zweitens – drittens": Die Finger zeigen die Zahlen während Sie die Inhalte nennen.
Machen Sie sich auch deutlich, welche Bewegungen sich hinter bestimmten Begriffen verbergen und wie Ihre Hände diese Bewegung übersetzen könnten. ○

Die emotionale Ebene

Wer sich sicher und wohl fühlt, setzt beim Sprechen automatisch seine Hände ein. Im Umkehrschluss kann man oft beobachten, dass Redner, die ihre Hände nicht einsetzen, sich nicht wohl fühlen. Das bedeutet: Je schneller Sie in einen Zustand des Wohlgefühls kommen, desto leichter wird es Ihnen fallen, auch Ihre Hände beim Sprechen einzubeziehen.

Die Anregung zu Selbststeuerung „von außen nach innen" aus Impuls Nummer 5 gilt selbstverständlich auch in diesem Fall. Wenn Sie erst einmal damit beginnen Ihre Hände einzusetzen, sind Sie schnell mitten in Ihrem Thema und fühlen sich auch sichtlich wohl. Übrigens sorgen Sie damit nicht nur für sich selbst: Wenn Sie sich beim Sprechen und Vortragen wohl fühlen, geht es Ihren Zuhörern ebenfalls

gut. Ein Publikum nimmt bereits nach kurzer Zeit den Zustand des Sprechers auf. Das ist auch der Grund dafür, dass überhaupt ein Funke überspringen kann.
Sobald Sie wissen, was Sie tun, können Sie alles tun. Trotzdem gibt es einige Verhaltensweisen, von denen ich Ihnen dringend abrate:

Imitieren

Versuchen Sie nicht jemanden zu imitieren, weil Ihnen seine Gestik so gut gefällt. Vermutlich werden Sie immer etwas hinter dem Original zurück bleiben. Leben Sie lieber Ihre eigene Originalität, indem Sie sich die oben stehenden Prinzipien aneignen. Jeder Mensch hat seine ganz individuelle Weise zu sprechen, sich zu bewegen, begeistert zu sein und zu begeistern.

Die Hände verstecken

Wenn Sie die Hände hinter Ihren Rücken halten, werden sich manche Ihrer Zuhörer sehr dafür interessieren, was Sie da verbergen möchten. In jedem von uns steckt auch ein neugieriges Kind. Das Versteckspiel verleitet es zum Suchen und lenkt es dadurch von Ihrem Vortrag ab.

Die Redner-Pose

Diese Haltung – eine Hand mit angewinkeltem Ellenbogen vor dem Unterbauch, der andere Arm weiter unten am Sakko fixiert – wirkt gekünstelt. Vielleicht empfinden Sie eine vorgegebene Haltung wie diese unterstützend, wenn Sie unsicher sind. Aber früher oder später werden Sie zu freien Gesten übergehen. Dann brauchen Sie diese „schockgefrorene“ Form nicht mehr.

Die Hände tot stellen

Wenn die Hände wie ein nasses Tau oder tote Fische gehalten werden und spannungslos und unmotiviert nach unten baumeln, sieht man das. Diese Haltung wirkt unengagiert und unsicher. Üben Sie, auch wenn Ihre Arme einfach mal an beiden Seiten des Körpers nach unten hängen, stets etwas Spannung in den Fingern zu halten und dabei beispielsweise den Rock- oder den Hosenstoff zu spüren. Schicken Sie Ihre Sprechenergie bis in die Fingerspitzen. Sie werden sehen: Diese kleine Haltungskorrektur macht einen großen Unterschied. Wenn wir die Hände beim Sprechen auf natürliche Weise einsetzen, ist es bis zum Handeln mit dem ganzen Körper nur noch ein kleiner Schritt. Und ein Mensch kann nicht überzeugender sein, als wenn Denken, Sprechen und Handeln im Einklang sind.

Wir benutzen unsere Hände sehr funktional, wir agieren und handeln den ganzen Tag damit, meistens ohne sie direkt wahrzunehmen. Oft sind es die immergleichen stereotypen Bewegungen, wie etwa bei der Arbeit am Computer. Ich bin überzeugt, dass Hände ursprünglich für vielfältige Bewegungen und verschiedenartigste Empfindungen geschaffen worden sind. Das hält sie lebendig und ist wie eine stete Energiequelle für ihren empfindlichen Tastsinn.

Überlegen Sie doch mal, wie Sie Ihre Hände heute besonders wertschätzen könnten. Vielleicht sagt Ihnen eine der folgenden Anregungen zu:

Die Hände wertschätzen

- Eine Handmassage: Auch auf der Hand befinden sich Reflexzonen, die mit unseren Organen verbunden sind.
- Pause zum Entspannen der Finger: Denkpausen sind ideal, nicht nur während der Arbeit am Computer. Wenn Sie die Hände dabei im Schoss ablegen, können die Schulter- und Ellenbogengelenke gleich mit loslassen.

- Cremen Sie Ihre Hände sorgfältig ein: Massieren Sie die Creme ganz in Ruhe und von der Hand ausgehend in jeden einzelnen Finger ein.
- Machen Sie Gymnastik mit den Händen: Beginnen Sie bei den Fingern und arbeiten Sie sich bis zu den Schultergelenken hoch.
- Geben Sie Ihren Händen heute etwas besonders Schönes zu spüren, zum Beispiel ein Blatt oder einen interessanten Stein während eines Spaziergangs, Früchte oder Gemüse beim Einkaufen. ○

Noch was …

Unsere Hände und Finger als Fühler – ein Wunderwerk: Wie oft wir unsere Hände und Finger benutzen, merken wir meistens erst, wenn wir sie aufgrund einer Verletzung nicht mehr wie gewohnt bewegen können. Tasten, Fühlen, Streicheln, Schreiben, Schrauben, ein Instrument spielen – Hände spielen im Leben eine wesentliche, nicht wegzudenkende Rolle. Zahlreiche Muskeln und Sehnen, 27 Knochen, drei Nerven und Tausende von Tastkörperchen bilden das filigrane Gefüge der Hand. Hinter ihren Bewegungen, die uns so selbstverständlich sind, stecken komplexe Vorgänge. Hände sind wie Fühler: „Feinfühlig“ dank der vielen Nervenenden, die hier zusammen laufen. Sie sind der Bereich unseres Körpers, den wir am weitesten vom Zentrum des Körpers entfernen und in den Raum hinein führen können. Im Dunkeln erkunden wir Orte mit den Händen, bevor wir den Rest unseres Körpers hinein bewegen. Beim Kontakt mit anderen Menschen ist die Hand häufig der erste Berührungspunkt. Sie fühlt vor: „Wer ist das“? Die Qualität dieses Händedrucks verrät uns bereits viel über die Persönlichkeit des anderen. Ist seine Hand warm, feucht oder trocken, der Händedruck herzlich oder kneifend wie ein Schraubstock? Oder haben wir einen „toten Fisch“ in der Hand?

Kapitel III: Die Atmung, das A und O

In den nächsten beiden Impulsen geht es um die Atmung. Die Art unserer Atmung bestimmt unseren Zustand und ist essentiell für den Stimmklang beim Sprechen, beim Singen und bei jeder Art von Stimmgebung. Lernen Sie hier die reflektorische Atmung und ihren Einsatz beim Sprechen kennen.

07 Impuls Nr. 7 Die reflektorische Atmung

Atmen ist etwas so Grundlegendes und läuft so automatisch ab, dass wir uns in der Regel keine Gedanken darüber machen. Meistens werden wir erst auf unsere Atmung aufmerksam, wenn es eine Störung gibt, wir nicht mehr genug Luft bekommen oder unser Atemvolumen zum Sprechen und Singen nicht ausreicht.
Dabei ist es sehr wichtig sich mit dem Atem zu beschäftigen, auch wenn es keine Komplikationen gibt. In vielen spirituellen Techniken wie Yoga und Meditation nimmt die Atmung als Brücke in transzendentale Zustände eine wichtige Rolle ein. Atmung spielt eine wichtige Rolle bei der Schmerzbewältigung – ganz gleich, ob es sich um physischen oder psychischen Schmerz handelt. Beim Sprechen, Singen und jeder Art der Lautgebung bestimmt die Qualität des Atmens die Tonqualität. Eine tiefe Atmung unterstützt das Stimmvolumen und lässt die Stimme voll und weich klingen. Flache Atmung führt zu einem dünnen, leicht gehauchten Stimmklang.

Das Besondere an der Atmung ist, dass sie normalerweise automatisch abläuft, wir sie aber auch bewusst beeinflussen können. Es ist uns zum Beispiel möglich, die Luft anzuhalten, etwa beim Tauchen, oder bewusst zu hyperventilieren, um uns kurzfristig besonderen Bedingungen anzupassen. In den meisten Fällen ist es am günstigsten, die Atmung nicht zu beeinflussen. Denn unser Körper weiß von sich aus, welche Art der Atmung in der jeweiligen Situation angemessen ist.

Vielen Menschen fällt tiefes Atmen oder allein dessen Wahrnehmung und die des inneren Bauchraumes schwer. Im Laufe der Sozialisation haben sich die meisten von uns eine flache Atmung angewöhnt. Unsere bewegungsarme, sitzlastige Lebensweise beengt den Bauchraum und hält uns von der Tiefenatmung ab. Hier braucht es Aufmerksamkeit, um dem Körper die Steuerung der Atmung wieder zu überlassen. Das ist ein paradoxer Prozess zwischen aktivem und passivem Verhalten: Einerseits richte ich aktiv meine Aufmerksamkeit auf den Atemfluss, zugleich bin ich bereit loszulassen und die Kontrolle an meinen Körper abzugeben. Diese Grundtechnik ist genau genommen keine Technik, sondern vielmehr eine innere Haltung. Sobald man dieses Loslassen verinnerlich hat, kann man es gezielt beim Sprechen einsetzen und technisch darauf aufbauen.

Wissen Sie überhaupt, wie Sie atmen?

Wissen Sie, wie Sie atmen, wenn Sie entspannt oder angespannt sind? Die folgende Wahrnehmung der reflektorischen Atmung, einer tiefen Bauchatmung unterstützt Sie dabei, diese wichtige Frage zu beantworten.

Die folgende Übung dient der Achtsamkeit und hat den größten Effekt, wenn Sie sie im Liegen ausführen: Legen sich in der Rückenlage auf eine Decke oder Matte. Stützen Sie den Nackenbereich durch ein flaches Kissen oder eine zusammengerollte Decke ab. Wenn Sie momentan keine Möglichkeit haben sich hinzulegen, können Sie diese

Übung auch auf einem Stuhl im Sitzen machen. Setzen Sie sich dazu gerade so aufrecht hin, dass Sie in den Bauchmuskeln möglichst wenig Spannung verspüren.

Ein wichtiger Hinweis zur Atmung: Bitte atmen Sie während der gesamten Übung durch den leicht geöffneten Mund ein und aus. Wenn die Nasenatmung dazu kommt, ist das in Ordnung. Verzichten Sie aber auf keinen Fall auf das Atemvolumen, das über den geöffneten Mund durch die viel breiteren Kanäle im Hals und im Rachen zur Verfügung gestellt wird. Wenn Sie diese Atmung künftig in Ihr Sprechen einbauen, stellt Ihnen vor allem die Mundatmung viel Luft zur Verfügung. Ein weiterer Vorteil: Das Einatmen über diesen Kanal geschieht auch bei hohem Atemvolumen völlig lautlos.

Atemwahrnehmung: Den Körper tief atmen lassen

a. Entspannung: Nimm Deinen Körper so wahr, wie er auf seiner Unterlage ruht. Erlaube Deinen Muskeln komplett loszulassen. Sie brauchen jetzt nichts zu tragen oder zu halten. Wenn Du magst und genug Zeit hast, um Dich vorher völlig zu entspannen, wandere im Geiste Region für Region durch Deinen Körper: von den Füssen bis zum Scheitelpunkt. Lade die einzelnen Bereiche ein, nach und nach loszulassen und ein wenig mehr in die Unterlage zu sinken: Die Füße – die Unterschenkel – die Knie – die Oberschenkel – das Becken – die Wirbelsäule – die Schultern – den rechten Arm und die rechte Hand – den linken Arm und die linke Hand – den Nacken – den Hals – den Kopf. Erlaube Dir dabei, auch zu seufzen oder zu gähnen, wenn Du den Impuls dazu verspürst. Nimm nun noch einmal Deinen Körper als Ganzes wahr, so wie er auf der Matte ruht.

Schwer und sanft, vom Untergrund gestützt. Du brauchst nichts zu tun. Lasse Deine Augen ruhig während der gesamten folgenden Übung geschlossen, das erleichtert die Wahrnehmung auf das Körperinnere zu richten.

b. Atemwahrnehmung: Richte jetzt Deine Aufmerksamkeit auf Deine Atmung. Nimm Deine Atembewegungen wahr, ohne sie zu verändern oder etwas verbessern zu wollen. Sei einfach nur Zeuge. Beobachte, was beim Einatmen geschieht. Welche Bereiche Deines Körpers werden durch den einfließenden Atem ausgedehnt? Gehe mit Deiner Aufmerksamkeit zunächst zur Vorderseite Deines Körpers, zum Bauch und Unterbauch. Dann zu Deinen Flanken, der Region rechts und links am Ende der Rippenbögen. Dann zu Deiner Körperrückseite, dem unteren Rücken rechts und links der Wirbelsäule im Bereich der unteren Rippen.

c. Loslassen: Lasse Deine Muskeln während jeder Bewegung des Einatmens noch ein wenig mehr los. Jedes Mal, wenn Du ausatmest, gibst Du noch ein wenig mehr nach, ein paar Mikromillimeter mehr. Du brauchst dazu nichts zu tun. Du lässt einfach los. Deine Atmung kann sich leicht und gelöst bis in den unteren Bereich Deines Bauchs ausbreiten, ganz von selbst.

d. Spüren und Merken – der tiefste Atempunkt:
Wo ist der tiefste Punkt in Deinem Unterbauch, an dem Du eine feine Ausdehnung der Muskeln durch die Einatmung spüren kannst?
Finde diesen Punkt in der Nähe des Bauchnabels, oft deutlich darunter, zu dem Dich Deine tiefste Atmung führt. Dieser Punkt liegt in der Mitte Deines Körpers. Nimm Dir eine Weile Zeit, zum Nachspüren. Wenn Du den Punkt – es kann auch eine kleine Fläche um diesen Schwerpunkt herum sein – deutlich spürst, dann lasse vor Deinem inneren

Auge dazu ein Bild entstehen. Vielleicht hat es eine Farbe. Vielleicht ist es auch mit einer Bewegung verbunden. Was ist Dein persönliches Bild, das Dich auch in Zukunft ganz leicht an Deinen tiefsten Atempunkt erinnern lässt? Mache Dir alle Sinnesempfindungen bewusst, die dazugehören.

Dein Werkzeug für später:
Dein Bild und das damit zusammenhängende Gefühl für den tiefsten Atempunkt und den Zustand, der zum Atmen in diesen Bereich gehört, kannst Du überallhin mitnehmen. Es steht Dir auch in Zukunft zur Verfügung und wird Dich dabei unterstützen, schnell wieder in die Bauchatmung zurück zu finden. Immer wenn Du merkst, dass Deine Stimme zu hoch wird oder wenn Du emotional in Aufruhr bist und Dich wieder beruhigen willst, kannst Du es einfach abrufen.

Bewege nun Deine Zehen, Deine Füße, Deine Finger und Hände und komme langsam in den Raum zurück. Öffne die Augen und strecke Deinen Körper, so wie es Dir gut tut. ○

Herzlich willkommen zurück! Vielleicht mögen Sie sich noch einen Moment Zeit nehmen, bevor Sie sich Ihrer nächsten Tätigkeit zuwenden. Hat sich Ihre Atmung im Laufe der Wahrnehmung verändert? Wo war Ihr tiefster Atempunkt? War diese Erfahrung neu oder kennen Sie das Gefühl, so richtig tief zu atmen?

Manche Menschen spüren Ihre Atmung bis in die Schambeinfüge oder bis in die Oberschenkel hinein. Beim Einatmen ist nicht nur das Zwerchfell beteiligt. Wenn der Atem frei fließen kann, dann schwingt der ganze Beckenboden mit. Er lässt los, wenn sich das Zwerchfell absenkt und zieht sich beim Ausatmen wieder zusammen. Die Verengung ist für das Sprechen wichtig, denn damit stützen wir unsere Stimme ab.

Eine Anregung für Ihren Alltag: Erinnern Sie sich in den nächsten Tagen regelmäßig an das tiefe Atmen. Im wahrsten Sinne des Wortes erinnern. Denn Er-innern heißt ja nach innen gehen. Tauchen Sie mit Ihrem Zwerchfell tief nach unten und lassen Sie es sich gut gehen!

Noch etwas …

Auf einer übergeordneten Ebene ist Atmen sehr nährend und verbindend. Es bringt uns immer wieder in den gegenwärtigen Moment zurück. In einen Zustand, den der buddhistische Mönch Thich Nhat Hanh so beschreibt:

Nirwana ist die endgültige Dimension des Lebens, ein Zustand von Gelassenheit, von Frieden und Freude. Es ist kein Zustand, den Du nach deinem Tod erlangst. Du kannst Nirwana jetzt gleich beim bewussten Atmen, Gehen und Teetrinken berühren.

Thich Nhat Hanh
in: Das Glück, einen Baum zu umarmen

08 Impuls Nr. 8
Das Atmen beim Sprechen

Kennen Sie Menschen, die bei Vorträgen schneller und schneller werden und dann manchmal kaum noch Luft bekommen? Die meisten Sprecher, insbesondere ungeübte, reden bei Vorträgen und Präsentationen bedeutend zu schnell und machen zu wenig Pausen. Oft steckt dahinter die Angst, zu wenig Text zu liefern. Doch Pausen sind kein „Nichts". Sie sind ein wichtiges Gestaltungsmittel: Pausen akzentuieren und gliedern gesprochene Texte und übernehmen dabei die gleiche Funktion, die Absätze, Satzzeichen und Überschriften in gedruckten Texten haben.

Struktur beim Sprechen

Wenn Sie das nächste Mal eine Rede oder einen Beitrag im Radio hören, stellen Sie sich den gesprochenen Text einmal bildlich vor: Sehen Sie einfach eine Anhäufung von aneinander gereihten Worten? Oder können Sie durch die Art und Weise des Sprechens auch die Abschnitte, Bindestriche und Überschriften heraushören? ○

Mit der reflektorischen Atmung haben Sie die Möglichkeit, Ihren gesprochenen Text sinnvoll mit kleinen und größeren Pausen zu gestalten. Durch das tiefe Atmen bekommen Pausen zugleich eine organische Länge. Beim Einatmen laden Sie sich immer wieder mit Energie auf, bevor Sie den nächsten Satz beginnen. Auf diese Weise verausgaben Sie sich nicht und halten auch längere Redebeiträge gut durch. Am einfachsten ist es zu atmen, wenn Sie am Ende des vorigen Satzes oder Satzteils die Stimme nach unten führen. Das gibt Ihrem Zwerchfell den Impuls, sich ebenfalls abzusenken.

Genau darum geht es in der folgenden Übung: Wie nutze ich die natürliche Art des Atmens und setze den Zeitpunkt der Atempause dabei selbst?

Sprechen mit der reflektorischen Atmung

Finden Sie zwei bis drei Sätze einer Begrüßung, die Sie sprechen möchten oder häufiger im Alltag sprechen und schreiben Sie den Text auf. Sie können auch gern meinen Beispielsatz übernehmen. Überlegen Sie vorher, wo Sie in dem ausgewählten Satz sinnvolle Atempausen einsetzen können. In dem folgenden Text bieten sich Pausen an den Stellen an, die mit „||“ – mit zwei senkrechten Strichen markiert sind:

„Guten Tag und herzlich willkommen, liebe Gäste! || Ich begrüße Euch zu meiner Einzugsparty. || Bevor wir gleich miteinander anstoßen, || möchte ich Euch meine tatkräftigen Freunde vorstellen, || die mir in den letzten Wochen beim Renovieren und Umziehen geholfen haben.“

Neben der Zeit zum Atmen geben Ihnen die kleinen Pausen auch die Gelegenheit, das Gesprochene mit einer Geste zu unterstreichen, etwa die Freunde vorzustellen oder bewusst Blickkontakt aufzunehmen, wie nach „liebe Gäste“. Pausen unterstützen Sie also auch dabei, den Inhalt nicht nur sprechtechnisch umzusetzen, sondern ihn auch zu leben.

Markieren Sie die Pausenstriche zum Üben am besten auch in Ihrem eigenen Text.
Setzen Sie nun an diesen Stellen die reflektorische Atmung ein, mit der Sie bereits in dieser kurzen Atemwahrnehmungs-Übung Bekanntschaft gemacht haben. Dazu klicken Sie mit Ihrer Wahrnehmung Ihr Zwerchfell an und erlauben

ihm, sich bis zu Ihrem tiefsten Atempunkt abzusenken. Mit „Anklicken" meine ich, dass Sie innerlich Kontakt mit Ihren Zwerchfellmuskeln aufnehmen und der Atembewegung nach unten Raum in Ihrem Körper geben. Dabei hilft es, die Bewegung nach unten zu visualisieren, als ob sie Sie auf einem Schreibtisch ein Dokument ins unterste Ablagefach schieben.

Dieses Einatmen ist für das Bewusstsein eher ein passiver als ein aktiver Vorgang. Vielleicht unterstützt Sie beim Loslassen des Zwerchfells das Bild, das Sie gegen Ende der Atemwahrnehmung im vorigen Impuls entwickeln konnten. Auf das Ausatmen, das direkt danach einsetzt, sprechen Sie einfach weiter. Es ist wie beim Wellenreiten: Das Ausatmen entspricht der Welle. Ihre Worte sind wie ein Surfboard, das sie auf den Wellen tanzen lassen.

Wichtig: Lassen Sie beim Einatmen den Mund leicht geöffnet, damit die Luft schnell und lautlos einströmen kann. ○

Es erfordert schon etwas Übung, diese Art des Atmens beim Sprechen einzusetzen. Für den Anfang können Sie das reflektorische Atmen am einfachsten in Situationen einbauen, in denen es nicht so sehr darauf ankommt, wie Sie sprechen. Zum Beispiel beim Bestellen eines Kaffees oder beim Einkaufen. „Hallo, – Einatempause – ich hätte gerne einen Cappuccino!" Die Pause nach dem „Hallo" gibt der Bedienung die Gelegenheit, auf Sie aufmerksam zu werden und Ihnen die Möglichkeit, das Zwerchfell abzusenken. Es weiß ja niemand, was in Ihrem Inneren so alles passiert. Nach einer Weile des Übens wird es Ihnen auch in sehr kurzen Pausen gelingen, völlig unbemerkt und tief zu atmen. Von diesem Zeitpunkt an können Sie die reflektorische Atmung auch mehr und mehr in offiziellen Situationen nutzen. Diese Methode der Atmung hat gleich zwei Vorteile:

Sie holen schnell wirklich viel Luft und dieser Vorgang ist völlig lautlos. Davon profitieren Sie besonders, wenn Sie vor einem Mikrofon sprechen.

Oft sind es die einfachen Dinge, die wirklich einen Unterschied im Leben machen.

Das hier beschriebene Art zu Sprechen ist einfach, aber nicht sofort und auch nicht so leicht umzusetzen. Zu Beginn werden Sie für den Atemeinsatz Ihre volle Aufmerksamkeit brauchen. Doch es lohnt sich: Sobald Sie die Methode beherrschen, sind Sie in der Lage, Ihr Sprechen bedeutend bewusster zu gestalten. Das macht einen großen Unterschied: Sie können nämlich auch dann innehalten und Ihren Körper atmen lassen, wenn Sie zu schnell geworden sind. Anschließend fahren Sie in moderatem Sprechtempo fort. Das Schöne ist: Je öfter Sie auf diese Weise atmen, desto leichter und selbstverständlicher wird es!

Noch etwas ...

Bei jeder Art von emotionalen Turbulenzen hilft es, sich an die reflektorische Atmung zu erinnern. Das Abtauchen nach innen verschafft Ihnen Abstand zum Auslöser der starken Gefühle. Statt impulsiv und emotional zu reagieren, haben Sie so die Chance frei zu entscheiden, wie Sie sich verhalten möchten.

Kapitel IV: Sprechhandeln im Alltag: Worte und Stimmungen

In den nächsten vier Impulsen durchleuchten wir, wie sich der Stimmklang und unsere Wortwahl in Gesprächen auswirken. Besonders in konfliktreichen Situationen können der Unterton unserer Worte oder bestimmte Formulierungen über Krieg oder Frieden entscheiden.
Einige Worte, sind per se kaum dazu geeignet Klarheit, zu schaffen. Trotzdem tauchen diese verbalen Verschleierer, zu denen beispielsweise „eigentlich“, „immer“, „Du bist“ oder „ich muss“ zählen, häufig in unserer Alltagssprache auf. In den Impulsen 10 und 11 finden Sie Anregungen zum Entrümpeln Ihres Wortschatzes.

09 Impuls Nr. 9 Der Stimmklang beim Sprechen

Wie beeinflussen der Stimmklang und das Sprechverhalten den Verlauf von Gesprächen? Worauf können Sie, besonders in konfliktreichen Situationen, achten? Wann hören wir einander gern zu oder sind überhaupt erst in der Lage dazu? Wie entsteht jenseits der Worte, bereits auf der Ebene der Stimme, eine Atmosphäre von Vertrauen, Wertschätzung und Gemeinsamkeit? Welches sind die Eigenschaften durch die eine Stimme und das gesamte Sprechverhalten eines Menschen angenehm auf uns wirken? Vielleicht halten Sie dazu mal einen Moment inne und fragen sich, welchen Stimmen Sie gern zuhören – und welchen nicht.

Ein entscheidender Aspekt ist der Stimmklang: In der Regel hören Menschen gern resonanzreichen Stimmen zu. Sie lassen den Körper mitschwingen und entstehen eher aus dem Bauch und aus dem ganzen Rumpf, als aus der Kehle. Wir hören dabei den Klang des Körpers, ja, wir spüren ihn förmlich. Das wirkt beruhigend und weckt Vertrauen, so als würden wir merken: Da steht jemand zu dem, was er sagt. Wenn die Stimme dagegen durch Druck in der Kehle verstärkt wird, klingt das eng. Und tatsächlich verengen wir bei kehligen Tönen den Kehlbereich, um die Töne in dem dabei entstehenden engeren Tubus zu verstärken. Dieser metallisch-laute Klang kann unter Umständen sogar aggressiv wirken. Seine Frequenz, die sich zwischen 2000 und 4000 Hertz bewegt, wird vom menschlichen Ohr besonders intensiv wahrgenommen und kann Zuhörer im Sinne von „Höre oder stirb" in die Enge treiben. Mit dem Stimmklang ist auch die Stimmhöhe verbunden: Am natürlichsten und leichtesten schwingen wir im mittleren Bereich, in der sogenannten „Indifferenzlage", die Sie schon im dritten Impuls kennengelernt haben. Sie können nun gleich noch einmal ausprobieren, wie Ihre Stimme im Körper schwingt und diese Schwingung noch weiter verstärken:

Sprechen mit sonorem Stimmklang: Die Kauübung

Um zu spüren, wie Deine Stimme schwingt, kannst Du beim Sprechen einfach Deine Handflächen in Höhe der unteren Rippen am Rücken anlegen. Wenn Du beim Sprechen Schwingungen an dieser Stelle spürst, hat Deine Stimme einen angenehmen Körperklang. Wenn Du nichts spürst, kannst Du erst einmal geräuschvoll seufzen, dann kaue in Deiner Vorstellung ein großes Kaugummi und mache dabei begeisterte Essgeräusche: „Mjam-Mjam-mjam". Das bringt Deine Stimme nach unten. Mische beim Sprechen etwas von dieser Resonanz mit in die Stimme. Diese kleine Übung eignet sich auch sehr gut, wenn man vor einem Sprechauftritt etwas aufgeregt ist und die Stimme entspannen und in den tieferen Resonanzbereich zurückholen möchte. ○

Die günstigste **Lautstärke** für Gespräche liegt in der Regel im mittleren Bereich. Wir sprechen gerade so laut, dass ein Text gut verständlich ist, die Stimme aber nicht aufdringlich oder übergriffig wirkt. Der Augenkontakt zum Gegenüber unterstützt uns zudem dabei, eine angemessene Lautstärke zu finden. Er ist eine wichtige Orientierungshilfe für unsere Stimme: Wie ein horizontal funktionierendes Echolot vermessen unsere Augen den Raum für eine angemessene akustische Reichweite. Eine zu laute Stimme nimmt unverhältnismäßig viel Raum ein. Wir fühlen uns vom Sprecher nicht genug wahrgenommen, sozusagen „verbal überrannt".

Auch beim **Sprechtempo** ist es in den meisten Fällen am günstigsten, sich im mittleren Bereich aufzuhalten. Zu schnelles Sprechen wirkt hitzig oder fahrig und erschwert den Zuhörern, die Inhalte innerlich nachzuvollziehen. Schnelles Sprechen kann in Streitgesprächen leicht als emotionale Entladung des Sprechers gedeutet werden. Denn mit der Schnelligkeit ist oft die Neigung verbunden, den anderen nicht zu Wort kommen zu lassen. Allerdings ist auch ein deutlich verlangsamtes Sprechtempo nur kurzzeitig und für bewusst mit Nachdruck gesprochene Phasen sinnvoll. Wenn banale Inhalte langsam vorgetragen werden, stimmt das Verhältnis von Form und Inhalt nicht mehr. Die Folge: Der Sprecher geht uns auf die Nerven, wir langweilen uns.

Die **Satzmelodie** bezeichnet man in der Fachsprache als Modulation. Ohne diese Satzmelodie, auf einem Ton – also monoton – zu sprechen hat eine hypnotische Wirkung. Das ist gut solange es beabsichtigt ist. Ansonsten ist es spannender, wenn das Leben hinter den Worten spürbar wird.

Modulation entsteht durch die Betonung der wichtigen Schlüsselworte in einem Satz: Dabei gibt der Sprecher genau vor, wie seine Zuhörer diesen Satz interpretieren sollen. In der freien Rede machen wir das spontan richtig, weil wir genau wissen, was wir sagen wollen und worauf es uns dabei ankommt. Beim Sprechen eines fertigen Textes beziehungsweise beim laut Lesen muss man dagegen häufig überlegen, welches Wort zu betonen ist. Denn ein und derselbe Wortlaut kann durch verschiedene Betonungen und unterschiedliche Sprechmelodien ganz unterschiedliche Bedeutungen erhalten. Ein Beispiel: „Ich weiß wirklich nicht, was Du hast" kann eine rein informative, wenn auch indirekte Bitte um mehr Informationen sein. Wird der Satz aber mit monotoner Stimme und vielleicht sogar noch scharf gesprochen, klingt er so aggressiv wie „Reiß Dich gefälligst zusammen!"

Der Ton macht die Musik

Sprechen Sie den Satz „Ich weiß wirklich nicht, was Du hast" einmal als informative Aussage und einmal als Vorwurf. Was haben Sie dabei in Ihrer Sprechweise oder in Ihrem Stimmklang verändert? Gibt es noch andere Stimmungen, in denen Sie den Satz sagen können? Probieren Sie es doch mal aus! ○

Gesprächspartner interpretieren unsere Sätze zusammen mit unserer Mimik, unserer Gestik und der gesamten Körperhaltung. In Konfliktgesprächen, also wenn es um Meinungen und starke Emotionen geht, sind die Beteiligten besonders hellhörig für jede Art von feindseligen Spuren, die sich „zwischen den Zeilen" – im Unterton des anderen – verstecken oder in der Körpersprache und bestimmten Formulierungen zeigen könnten (siehe auch Impuls Nummer eins).

Um in einer angespannten Situation deeskalierend zu wirken, ist deshalb noch etwas anderes wichtig: Sachlichkeit. Zugegeben es ist nicht einfach, aber doch sehr förderlich, wenn wir eine Situation neutral, das heißt ohne Wertung beschreiben. Zusätzlich unterstützt die Stimme diese sachliche Ebene, indem sie betont, was inhaltlich wichtig ist, statt mit Ironie oder Sarkasmus ein weiteres Schlachtfeld zu eröffnen. Wie leicht das passieren kann, haben Sie gerade an dem Beispielsatz zum Thema Modulation erfahren („Ich weiß wirklich nicht, was Du hast"). Die Stimme wirkt dort sehr subtil und kann leicht Gift säen, wenn wir innerlich geladen sind. Diese Betonung, die einem Text unabhängig vom Wortinhalt, manchmal sogar im Kontrast dazu, eine bestimmte Bedeutung hinzufügt, nennt man „Subtext".

Betonung: Der Teufel steckt im Detail

Probieren Sie es noch einmal mit einem anderen Satz aus: Jetzt geht es darum wie die Betonung einzelner Worte die Aussage eines Satzes verändert. Sprechen Sie den Satz „Das haben Sie heute aber gut gemacht!" zuerst mit der Betonung auf „gut" und danach mit der Betonung auf „heute". Hören Sie den großen Unterschied? Version zwei, also „Das haben Sie *heute* aber gut gemacht" klingt nach: "Endlich ... bisher war es ja nichts und wer weiß, wie Sie morgen arbeiten werden." ○

Die Lösung liegt in der direkten Aussprache dessen, was in uns vor sich geht. Statt oberflächlicher Freundlichkeit den Ton von unterschwelligem Hass mitzugeben, könnte der Sprecher von Version zwei sein Gefühl und sein Bedürfnis direkt ausdrücken: „Ich bin besorgt, dass wir ... nicht schaffen" oder „Ich ärgere mich, dass ich Ihre Fehler bereinigen soll! Bitte achten Sie darauf, dass Sie ... ". Damit gibt er seinem Gesprächspartner die Gelegenheit entsprechend anders zu handeln.

Am Ende dieses Impulses noch ein sehr wichtiger Punkt: Die gegenseitige Wahrnehmung. Dazu gehört es grundsätzlich, den anderen ausreden zu lassen. Das hat nicht nur mit Respekt, sondern auch mit dem Eingeständnis unserer Voreingenommenheit zu tun: Oft meinen wir von vornherein zu wissen, was der andere sagen möchte und hören nicht mehr hin, was er tatsächlich sagt. Doch vielleicht ist es heute etwas anderes, was der andere mitteilen möchte. Geben Sie ihm eine Chance?
Es mag sein, dass Sie die Befürchtung haben, Ihr offenes Ohr könnte von Ihrem Gesprächspartner ausgenutzt werden, weil er gerne endlos redet und sich dabei selbst zuhört. In diesem Fall ist eine von beiden Seiten zuvor festgelegte Zeitbegrenzung sinnvoll. Eventuell sogar mithilfe eines Timers, so wie bei Politiker-Duellen im Fernsehen.

Als Sprechender ist es gut, aufmerksam für die Signale der Zuhörer zu bleiben: Sind sie überhaupt noch aufnahmebereit? Nur dann hat Reden schließlich einen Sinn.
Wenn Sie jetzt meinen, dass man während eines Gesprächs gar nicht auf so viele Einzelheiten achten könne und dass wir, falls wir es doch versuchen, viel von unserer Spontaneität verlieren würden, kann ich Ihnen nur zustimmen. Genau deshalb ist es sinnvoll, sich nicht in den Gesprächen selbst, sondern aus einem neutralen Abstand damit zu beschäftigen, in welcher Stimmung wir kommunizieren, wenn es darauf ankommt – und ob das so für uns „stimmt“.

Noch was …

Auch die Aussprache, beziehungsweise Artikulation, ist ein wichtiges Kriterium für mühelos funktionierende Kommunikation. Zu schlaffe Artikulation kann leicht zu Missverständnissen führen. Denn das, was wir nicht verstehen, ergänzen wir im Sinne unseres Erfahrungshorizontes und unserer vorgefassten Meinung. Manchmal kann das komische Züge annehmen:

Am Telefon. Ich frage meinen Gesprächspartner Michael nach seiner Arbeit. Er erzählt, er würde „Bhagwan-Touren“ machen. „Ach, ja?“, sage ich, „ich wusste gar nicht, dass es im süddeutschen Raum mehrere Osho-Zentren gibt“. „Nein“, erwidert er, jetzt ganz deutlich: “Backwaren ... Brezeln“! (Anm: Osho Shree Rainesh, auch Bhagwan genannt, war ein spiritueller Lehrer aus Indien. Seine Anhänger errichteten auch Zentren in Europa und den USA.)

Ein weiteres Beispiel:
Ein Polizist lotst mich mit Brandenburger Charme am Berliner Theodor-Heuss-Platz von der Fahrbahn. Nach erfolgreicher Prüfung von Kupplung und Bremsen frage ich ihn, warum er mich denn gleich zur „Verkehrssünderkontrolle“ herausgewunken hätte, ich sei doch eine ganz normale Verkehrsteilnehmerin, von „Sünde“ keine Spur. Bestimmt kennen Sie die Lösung! – Seine „Verkehrssonderkontrolle“ hatte sich in der Mitte so gequetscht angehört, dass das „sonder“ bei mir als „Sünder“ ankam.

10 Impuls Nr. 10 Besser ankommen mit Ich-Botschaften

Im letzten Impuls ging es um die Frage, wie Stimmklang und unsere Art zu sprechen zu einer guten Gesprächs-Atmosphäre beitragen können. Es ging also um das “wie“. Doch die Stimme wirkt selten allein. Meist ist es das Zusammenspiel von Stimmklang und Worten, das die Gesprächs-Atmosphäre bestimmt. Weil Form und Inhalt sich gegenseitig beeinflussen, führt eine Klarheit auf der stimmlichen Ebene auch zu einer kritischen Betrachtung der Wortwahl und der Satzstruktur: Stimmt das, was ich sage überhaupt? Was möchte ich damit erreichen? Wir kümmern uns jetzt deshalb um das „was“.

In konfliktreichen Situationen ist es besonders wichtig, auf Formulierungen zu achten, die weg von Machtkämpfen und hin zu Lösungen führen. Doch wie gelingt es, trotz unterschiedlicher Meinungen, auf der sprachlichen Ebene eine Atmosphäre von Wertschätzung und Respekt entstehen zu lassen?

Es ist nicht neu, aber immer wieder hilfreich, sich daran zu erinnern: Kein Mensch ist objektiv. Schon gar nicht in der Wahrnehmung von uns selbst oder von Personen, die uns sehr nahe stehen und denen wir uns eng verbunden oder verpflichtet fühlen. Oft glauben wir die Menschen, die wir täglich erleben, so gut zu kennen, dass wir nicht mehr genau hinschauen. Das gilt vor allem für Momente, in denen wir uns in die Enge getrieben oder nicht zutreffend wahrgenommen fühlen. Menschen haben bei Unwohlsein die Neigung, den Grund für ihre schlechten Gefühle beim anderen zu suchen, um sich dadurch kurzfristig besser zu fühlen. Alles wäre gut, wenn nur der andere mit seinem merkwürdigen oder ärgerlichen Verhalten nicht wäre. Denn dann sind wir selbst völlig in Ordnung. Dermaßen allgemein und pauschal ausgedrückt wird, wie ich es hier formuliere, wird deutlich: Ganz so kann es nicht stimmen. An irgendeiner Stelle sind wir auch mit ins Spiel verwickelt, sonst würden wir ja einfach weggehen und nicht mehr mitspielen. Doch wir selbst wollen auch etwas vom anderen. Zumindest wünschen wir uns wahrgenommen zu werden – wahrgenommen in dem, was wir brauchen. Doch bevor der andere das erfüllen und uns sehen kann, ist es nötig, bei uns selbst zu beginnen und uns zu fragen: Was wünsche ich mir? Was brauche ich jetzt überhaupt? Der Schritt geht also weg vom Konfliktpartner und führt zu uns selbst zurück. Denn nur hier können wir die Antwort finden.

Auf der Ebene der Formulierungen liegt die Lösung deshalb darin, weg von „DU- Botschaften" zurück zu „ICH-Aussagen" zu kommen. Also anstelle von „Du bist aber ganz schön dominant" unser Gefühl zu äußern: „Ich fühle mich, als dürfte ich nicht selbst entscheiden." Dieser Perspektivwechsel weg vom anderen, hin zu sich selbst und zu den eigenen Bedürfnissen, wird in der gewaltfreien Kommunikation intensiv eingeübt. Dieses Ändern der Sichtweise fühlt sich unbequem an, denn es erfordert zunächst ein Innehalten vor dem Sprechen. Doch die Formulierung aus der Ich-Perspektive macht einen entscheidenden Unterschied.

Die Aussage „DU bist" enthält im Zusammenhang mit Konflikten oft eine Wertung, ein Urteil oder eine Beschwerde. Bereits der sprachliche Ausdruck „sich beschweren" weist darauf hin, dass man damit vor allem einer Person das Leben schwer macht: sich selbst. Das „ICH" verbunden mit einer Zustandsbeschreibung hingegen offenbart gleichzeitig schon ein wichtiges Bedürfnis. Zum Beispiel kann man aus „Ich fühle mich, als dürfte ich nicht selbst entscheiden" bereits ableiten, welcher Wunsch dahinter steckt: „Ich möchte selbst entscheiden!"

Weil es bereits in die Richtung einer Lösung führt, hilft es immer, hinter unangenehmen Gefühlen das eigene noch unerfüllte Bedürfnis aufzuspüren.

In schwierigen Gesprächen ist es aufschlussreich, neben der sprachlichen Ebene auch die eigene Körperspannung wahrzunehmen. Ein erhöhter Spannungszustand, den wir meist zuerst in den Schultern und im Nacken spüren, signalisiert ganz deutlich, dass wir uns instinktiv vor etwas schützen wollen: Wir „panzern" uns gegen Angriffe. Ein angespannter Kiefer zeigt unsere „Verbissenheit" in ein Thema. Ein tiefes Durchatmen mit dem wir körperliche Spannungen abschütteln können, das Denken einen Moment loslassen und die Umgebung besser wahrnehmen – all diese Maßnahmen sind sehr hilfreich, damit wir kurzzeitig Abstand von einer unangenehmen Situation gewinnen können. Aus der Distanz betrachtet ist es bedeutend leichter, sich innerlich zu sortieren und eine neue Perspektive zum Thema einzunehmen. Wenn die Spannung sehr stark ist, hilft es nur noch, unter einem guten Vorwand kurzzeitig den Raum zu verlassen. Ein angekündigter Toilettengang ist bei jeder Verhandlung ein triftiger Grund für eine kurze Unterbrechung. Für einen Moment nur mit sich allein, wird Ihnen wieder klar, wo der Kurs lang geht: wer Sie sind und was Sie wollen.

Weitere Phrasen und Worte, die Sie am besten vermeiden sollten, es sei denn, sie haben so richtig „Lust auf Streit" sind „immer – nie – schon wieder – noch nicht mal – Du

11 Impuls Nr. 11
Die „Ja-aber-Falle“

Einige Worte führen vor allem dadurch, dass man sie weglässt oder durch andere ersetzt, zu mehr Klarheit und Handlungsfähigkeit. Sind Ihnen die Worte, die hier gleich folgen, bei anderen schon aufgefallen? In welchen Situationen benutzen Sie selber diese Formulierungen?

Hier einige Anregungen zum Sortieren Ihres Wortschatzes:

ABER: Dieses häufig gebrauchte Wort, das zwei Sätze miteinander verbindet, verleitet zur Verschleierungstaktik. Dass der Hauptsatz voransteht und dann der „Aber-Satz“ folgt, lenkt von einer entscheidenden Tatsache ab: Das Wesentliche steht im „Aber-Satz“. Der vorangestellte Satz ist lediglich eine Beschwichtigungsformel, die den Adressaten milde stimmen soll.

„Ich weiß, dass Sie Ihren Urlaub dringend verdient hätten, aber gerade jetzt kann ich Ihnen unmöglich freigeben“. „Ich würde Dir ja gern helfen, aber heute passt es mir sehr schlecht.“

Oft erkennt man die Gewichtung auch daran, dass der „Aber-Satz“ im Gegensatz zum ersten Satzteil ausgiebig erläutert wird. Wie bei allen „Ja-aber“-Antworten, die das anfängliche „Ja“ grundlegend in Frage stellen. Was tun? Am besten ist, Sie drehen den Spieß um und sprechen zuerst den „Aber Satz“, der ja den eigentlichen Kern der Botschaft enthält. Sie können auch das „aber“ meistens durch eine andere Formulierung ersetzen, etwa durch ein „und“. Konkret: Werden Sie direkt und formulieren Sie die eigene Situation und Intention deutlich! Wenn Sie sich beispielsweise in einem Zwiespalt befinden, können Sie das Ihrem Gesprächspartner offenlegen und dadurch leichter, eventuell sogar gemeinsam eine neue Lösung finden: „Es passt es mir gerade heute sehr schlecht. Und trotzdem würde ich Dir auch gern helfen. Wie wäre es mit…“ .

FEHLER: Ein Wort, das schwer wiegt, wenn wir es als etwas definieren, das nicht vorkommen darf. Als etwas, das über keinerlei Existenzberechtigung verfügt.
Wie wäre es mit folgender Definition: Ein Fehler ist eine Erfahrung, die jemand macht, wenn ihm etwas fehlt. Es fehlt etwas, das ihn in die Lage versetzen würde, die Situation auf bessere Weise zu lösen: Zum Beispiel eine bestimmte Information, genügend Zeit zum Reflektieren über ein Thema, etwas mehr Konzentration oder Weitblick. Der Fehler macht uns auf das, was „fehlt“ aufmerksam. Fehler sind insofern Wegweiser für das, was wir noch in unser Handeln integrieren sollten, um es zu vervollständigen. Fehler geben uns die Chance, weitere wichtige Erfahrungen zu sammeln und weiter zu lernen. Jedenfalls dann, wenn wir genau hinsehen, was die Ursache für den „Fehler“ war, anstatt uns mit Schuldgefühlen zu plagen.

MÜSSEN: Wie oft am Tag sagen wir „ich muss“ anstelle von „ich möchte“. „Ich muss“ suggeriert, dass es irgendeine fremdbestimmte Autorität gibt, die uns zu etwas zwingt. Doch ist das „Müssen“ wirklich wahr? Ist es nicht eine Entscheidung, die wir irgendwann einmal für uns selbst getroffen haben, weil wir etwas wollten oder ist es nicht eine Konsequenz, die sich aus einer solchen Entscheidung ergibt? Wenn das nicht so ist, ist es vielleicht an der Zeit, eine neue Entscheidung zu treffen, nach der wir wieder selbstbestimmt sagen können: “Ich möchte“?

SCHWER: Wenn wir sagen, dass etwas schwer ist, ist das bildlich gesehen, als ob sich vor uns eine Mauer auftürmt, die uns von dem trennt, was wir gerne haben, tun oder sein würden. Weil das Wort „schwer“ viele unterschiedliche Aspekte enthält, die darin nicht benannt werden, wirkt es wie eine undurchdringliche Masse, ähnlich einem Wollknäuel, dessen Fäden scheinbar unentwirrbar miteinander verschlungen sind. Sie können dieses Knäuel entwirren, wenn Sie sich fragen: Was meine ich tatsächlich damit, wenn ich das Wort „schwer“ benutze? Wie könnte ich das, was ich dabei erfahre, auch anders und präziser beschreiben? Vielleicht ist eine Aufgabe, vor die Sie gestellt werden, neu und Sie wissen noch nicht, wie Sie am besten damit umgehen. „Neu“ oder „ungewohnt“ – das hört sich jedenfalls anders an, als das Wort „schwer“. Oder steht diese “Schwere“ für Gefühle, die so intensiv sind, dass Sie den Eindruck haben davon fortgerissen zu werden, sich darin aufzulösen?

„Schwer“ bedeutet meistens, dass wir Erfahrungen machen, bei denen wir an unsere Grenzen stoßen. Es ist genau der Punkt, an dem wir eine Fähigkeit oder das Bild von uns selbst erweitern können. Wer das Wort „schwer“ so begreift, für den ist die vermeintliche Schwere der Hinweis auf einen Entwicklungsprozess. Denn das, was wir bereits kennen, können oder schon häufig getan haben, fällt uns ja gemeinhin „leicht“. Manchmal ist es schlicht Bequemlichkeit, beim Leichten zu bleiben und dem vermeintlich „Schweren“ lieber auszuweichen. Doch wie bei den Dingen, vor denen wir Angst haben, ist das Potential zur persönlichen Entwicklung durch „schwierige“ Herausforderungen am größten.

VERSUCHEN: Das Verb „versuchen“ birgt ebenfalls eine Verschleierung. Es verschleiert die Tatsache, dass wir von Anfang an kaum an das glauben, was wir tun. Oder wir schätzen das Gelingen als sehr unwahrscheinlich ein. Folglich setzen wir beim Handeln einen entsprechend geringen Aufwand ein, der das Scheitern schon vorweg nimmt und deshalb leicht zur „selbst erfüllenden Prophezeiung" (engl. self-fulfilling prophecy) wird.

Sie kennen bestimmt die Aufforderung: „Versuche vom Stuhl aufzustehen!" Was passiert? Sie versuchen und versuchen – und bleiben sitzen. „Stehe jetzt vom Stuhl auf" ist die direkte Aufforderung, die Muskeln in Bewegung setzt und zum Resultat führt. Wenn eine Aktion nicht auf die Erfüllung eines Ziels ausgerichtet ist, sondern auf einen eventuellen Widerstand, ist es genau das, was wir vergrößern. Natürlich kann man auch scheitern, wenn man etwas wirklich mit aller Kraft tut. Mit diesem Scheitern verhält es sich dann jedoch ähnlich, wie mit dem zuvor beschriebenen „Fehler" machen: Es ist nichts weiter als ein Wegweiser für „so nicht". Es bezieht sich also nur auf die Art und Weise des eingeschlagenen Kurses, nicht jedoch auf das Ziel an sich. Das Ziel selbst bleibt glaubwürdig. Es fordert uns auf, uns wieder neu auf- und auszurichten, um bessere, geeignetere Wege zu finden. Von „Ver-suchen" keine Spur!

Die hier aufgeführte Liste ist natürlich längst nicht vollstandig. Es gibt noch zahlreiche weitere Worte, die zum genauen Hinschauen und zur Klärung einladen: Worte wie „man", „eigentlich" oder „ich kann nicht". Jetzt sind Sie dran:

Wortklärung

Was sind Ihre verschleiernden Lieblingsworte? Schreiben Sie die Worte, die Sie häufig benutzen, auf und überlegen Sie was bei Ihnen dahinter steckt. Halten Sie bei diesen Worten das nächste Mal inne, um dann zu sagen, was Sie wirklich meinen. ○

Durch die Klarheit auf der sprachlichen Ebene gewinnen Sie Kraft für ebenso klares Handeln.

Noch was …

Eine Anekdote aus meinem Trainerleben:
In einem Seminar sagte ein Teilnehmer zum wiederholten Male „man“ anstelle von „ich“. Alle anderen Teilnehmer waren längst darauf aufmerksam geworden und merkten aus der Perspektive der Beobachter deutlich, wie tief solche Sprachgewohnheiten verankert sind. Als ich den Teilnehmer zum letzten Mal, das hatte ich mir geschworen, darauf ansprach, wen er denn mit „man“ meinen würde, antwortete er: „Na mich – Hermann“.

Kapitel V
Wie der Funke überspringt: So begeistern Sie Zuhörer

In diesem Kapitel erhalten Sie Anregungen zu Themen, die beim Sprechen vor Publikum immer wieder relevant sind. In Situationen mit erhöhter Anspannung sind wir uns untereinander ähnlicher als wir meinen. Wir reagieren nach bestimmten Grundmustern, die je nach Persönlichkeit nur in Details und Intensität variieren. Zu diesen am häufigsten auftretenden „Phänomenen" beim Sprechen vor Publikum gehören: ein zu hohes Sprechtempo, eine monotone Sprechweise und wenig Stimmvolumen, körperliche Unruhe und unbewusste Bewegungen, unbeteiligte Hände.

In diesem Kapitel erfahren Sie, wie Sie diese Aspekte auf verschiedenen Ebenen betrachten können und welche Lösungen es dafür gibt. Am effektivsten ist (Selbst-)Coaching, wenn Sie neues Verhalten oder eine neue Haltung gleich auf mehreren Ebenen parallel trainieren. Wenn sich die Ebenen gegenseitig stabilisieren, schaffen Sie damit neue hilfreiche Strukturen. Bei einem guten Zugang zu ihrem Körper können Sie beispielsweise durch eine aufrechte Haltung auch Ihre Gefühle oder durch den Einsatz von Gesten Ihre Sprachmelodie beeinflussen. Wenn Sie auf der stimmlichen Ebene sensibel sind, wirkt die Resonanz Ihrer Sprechstimme beruhigend auf Ihren inneren Zustand zurück. Welche Ebene am Anfang eines Lernprozesses besonders gut zugänglich ist, ist eine Frage Ihres Persönlichkeitstyps und des Trainings, das Sie bisher hatten. Bestimmt finden Sie schnell heraus, welche Anregungen am besten für Sie persönlich passen und am leichtesten umzusetzen sind.

12 Impuls Nr. 12
Ein zu hohes Sprechtempo

Die Ursachen für ein zu hohes Sprechtempo können vielfältig sein: Oft entspringt das schnelle Sprechen einem hohen Erregungszustand. Das kann sowohl euphorische Aufregung oder nervöse Anspannung sein. Der Grund kann auch in plötzlich aufblitzenden Gedanken liegen oder in der Angst, bereits zurecht gelegte Gedanken wieder zu verlieren. Oft treibt einen Sprecher auch die Befürchtung, nicht lange genug Aufmerksamkeit zu bekommen, zum schnellen Reden an.

Interessanterweise können auch eine inhaltliche Unterforderung oder Desinteresse am Thema zum Schnellsprechen verleiten. Dieses Sprechverhalten kann man manchmal bei Experten beobachten, die einem Laienpublikum Grundlagen erklären müssen. Im Sinne von „Das ist ja nichts Neues, wie ja alle wissen ...“ wird der Stoff so monoton herunter gerattert, als wäre alles ein Nebensatz.

Schnelligkeit ist in manchen Fällen auch eine berufsbedingte Konditionierung: Informatiker zum Beispiel denken und folgern generell gern in so hohem Tempo, dass die bedeutend langsameren Sprechwerkzeuge nur noch in einem Sparmodus, nämlich in einer Art „digitalisierter“ Sprechweise mitkommen. Das Sprechtempo ist schnell, die Sprachmelodie klingt monoton und abgehackt (staccato). Kein Problem für Berufskollegen, die im gleichen Sprechduktus zuhause sind, aber schwierig zu verstehen für fachfremde Zuhörer.

Ausdrucksvolles und damit auch zuhörerorientiertes Sprechen ist nur möglich, wenn das Denken sich einem gemäßigten Sprechtempo anpasst – nicht umgekehrt. Denn ein hohes Sprechtempo beeinflusst auch immer andere Faktoren der Stimme. Wer schnell spricht, wird leicht monoton, bekommt einen flacheren Stimmklang und kann beim Sprechen nicht auf seine Umgebung eingehen. Kehren wir die Sache also um!

Die Bewältigung auf der mentalen Ebene:
Fragen Sie sich, was Sie anderen Menschen mit Ihrem Vortrag geben möchten. Was liegt Ihnen am Herzen? Wofür brennt das Feuer Ihrer Begeisterung? Es ist sehr unterstützend für den Beginn Ihres Vortrags, wenn Sie sich diese Fragen bereits bei der Vorbereitung beantwortet haben und mit der inneren Antwort darauf vor Ihre Zuhörer treten.

In dem Begriff „Präsentation" steckt das Wort „Präsent" – Geschenk! Sie stehen heute nicht mehr als Bittsteller vor Ihrem Publikum, wie Sie vielleicht früher als Schüler vor der Prüfungskommission gestanden haben, als es Ihnen darum ging, eine gute Abschlussnote zu bekommen. Heute stehen Sie hier, um etwas zu geben. Vermutlich haben Sie viel dafür getan, um jetzt über Ihr Thema sprechen zu können. Sie sind derjenige, der oder die sich selbst den Raum und die Zeit(!) gibt, um Ihr Geschenk in einem angemessenem Timing vor dem Publikum auszupacken. Was könnte es heißen, diese Präsentationszeit gemeinsam mit Ihrem Publikum und Ihrem Thema auf stimmige Weise zu „feiern"?

Letztlich ist nicht wichtig, wie viel Sie sagen, sondern was davon bei Ihren Zuhörern ankommt. Dazu gehört als erster Schritt, Ihr Publikum dazu zu bewegen, Ihnen aufmerksam zuzuhören. Das gelingt Ihnen, wenn Ihr Vortrag zwei wesentliche Kriterien erfüllt: Menschen sind ganz Ohr, wenn das, was Sie Ihnen zu sagen haben, mit ihren Fragen und Problemen zu tun hat und wenn es unterhaltsam ist, das heißt, wenn es ihr Gefühl berührt. Beim zuhörerorientierten Sprechen stellt sich der Redner auf sein Publikum ein – nicht umgekehrt. Schließlich hat er das größere Wissen, und die Gehirne der Zuhörer haben vermutlich eine Menge zu tun. Die Kunst liegt darin, die Informationen in schmackhaften, gut verdaulichen Häppchen zum Publikum wandern zu lassen.

Die Bewältigung auf der erzählerischen Ebene:

Anschaulich werden – Geschichten erzählen

Setze, um die Zuhörer „am Ball" zu halten, zur Illustration Deines Themas Beispiele und Geschichten ein. Das ist besonders wichtig bei abstrakten Themen. Wenn Du die Gefühle Deiner Zuhörer ansprichst, zum Beispiel indem Du Dich auf ihnen bekannte Situationen beziehst oder sie zum Lachen bringst, hören sie Dir nicht nur lieber zu, sondern behalten Deinen Vortrag auch besser in Erinnerung. Stelle Dir das, worüber Du redest, so plastisch vor, als wäre es direkt vor Dir im Raum oder als stündest Du mittendrin. Dazu ist es gleichzeitig nötig, Dein Sprechtempo zu drosseln und mit Deiner Vorstellungskraft zu synchronisieren. Damit stellst Du Dich gleichzeitig auf die Hörgeschwindigkeit Deiner Zuhörer ein: Dein Publikum braucht bei neuen Informationen ebenfalls etwas Zeit um das, was es aufnimmt, vor seinem inneren Auge entstehen zu lassen.

Auch wenn Sie die wichtigsten Begriffe, die sogenannten „Schlüsselworte", betonen, werden Sie langsamer und wechseln in ein gemäßigtes Sprechtempo. Wenn zwischendurch ein neuer Gedanke auftaucht, können Sie diesen Geistesblitz in Ihrer Vorstellung auf eine Ablage legen und ihn von dort jederzeit wieder abholen. Eine kurze Bemerkung oder eine Handbewegung unterstützt dieses Ablegen. Stellen Sie sich dazu den Button für die Funktion „Ablage" von der oberen Leiste des Computerbildschirms vor: Ein „Klick" und das ganze Thema verschwindet in der Ablage, bis Sie den Aspekt wieder hervorholen.

Die Bewältigung auf der körperlichen Ebene

Atmung und Gesten einsetzen

Atme vor dem Sprechen einige Male bewusst in Deine Bauchregion und baue beim Ausatmen jedes Mal etwas Anspannung ab. Wenn Du auch während des Sprechens mit Deiner Atmung in Kontakt bleiben, kannst Du mit der organischen Länge des Einatmens bewusst Pausen setzen. Jedes Einatmen gibt Dir die Möglichkeit, danach wieder im mittleren Sprechtempo anzusetzen. Falls Du sehr aufgeregt bist, bringe Dich mit langsamen tiefen Atemzügen in einen ruhigeren Zustand. Achte darauf, völlig lautlos durch den leicht geöffneten Mund zu atmen. Wenn Du beim Sprechen außerdem begleitende Gesten einsetzt, ermöglichen sie Dir Deinen Sprechtext bewusst zu gliedern und sind eine weitere Unterstützung, um ein gut verständliches Tempo beizubehalten. ○

Ein hohes Tempo beim Sprechen kann auch spritzig und inspirierend sein:
Wenn es zum Thema passt, wenn nur während kurzer Passagen schnell gesprochen wird, wenn der Inhalt durch gute Artikulation verständlich bleibt und die schnellen Phasen sich mit langsamen abwechseln. Das heißt: Wenn Sie wissen, was Sie tun, können Ihr Sprechtempo auch beschleunigen!

Bis Sie ihr Sprechtempo auf diese Weise unter Kontrolle haben und es wie selbstverständlich von langsam nach schnell und zurück regeln können, mag es vorkommen, dass Sie sich noch etliche Male dabei ertappen, wie Sie Ihre Worte im wilden Galopp heraus preschen lassen. Doch auch das gehört dazu. Wenn Sie erst einmal wahrnehmen, wie Sie sprechen, können Sie damit beginnen, es anders zu machen. Dann sind Sie bereits unterwegs zu einer souveränen Sprechweise. Und das bedeutet: Nie mehr hetzen!

Noch was ...

„Ich habe neulich abends Deutschlandfunk gehört. Als die Radionachrichten liefen, dachte ich mir so: „Der Kollege spricht, als hätte er Jagdwurst auf dem Pausenbrot gehabt."

Ein Journalist und Nutzer der Diskussionsplattform „radioforen.de"

13 Impuls Nr. 13 Lebendige Sprachmelodie und volles Stimmvolumen

Nach den Anregungen zum Sprechtempo geht es jetzt weiter mit dem Thema monotone Sprechweise und wenig Stimmvolumen. Dazu schauen wir uns wieder zuerst die Ursachen an und dann, wie Sie beides auflösen, um zu einer lebendigen Sprechweise und zu einem voluminösem Stimmklang zu kommen.

Die Ursachen von monotonem Sprechen

Auf der körperlichen Ebene sind die Ursachen vielfältig: eine flache Atmung, zu schnelles Sprechen ohne Pausen und eine niedrige oder zu hohe Körperspannung, die sich auch auf die Anspannung der Stimmbänder und Ihre Flexibilität auswirkt. Mental können sowohl Aufregung als auch Langeweile dazu beitragen, dass nur noch flach durch den Text gehuscht wird. Der Sprecher ist dann mit seiner Aufmerksamkeit nicht bei dem, was er sagt. Er beschäftigt sich innerlich zu sehr mit den Rahmenbedingungen und den Zuhörern. Oft fühlt er sich in der Situation nicht wohl und möchte das Ganze so schnell es geht hinter sich bringen.

Dieses Phänomen kann man häufig bei Schülern beobachten, die ein Referat halten (müssen!), für dessen Inhalt sie sich nicht wirklich interessieren. Dem Sprecher fehlt die Visualisierung zu den Worten, als logische Konsequenz kann er auch kein Gefühl dazu entwickeln. Schade, denn beim Sprechen fließt nicht nur die wertvolle Lebenszeit des Sprechers den Bach herunter. Die Zeit, die von den Zuhörenden abgesessen und wahrscheinlich nicht als ergiebig empfunden wird, potenziert sich mit der Anzahl der Zuhörer.
Deshalb kommen wir hier gleich zu den Gegenmitteln:

Die Bewältigung auf der Körper- und Stimmebene

Machen Sie sich in normalen Alltagssituationen mit dem Klang Ihrer Stimme und Ihrem Stimmumfang vertraut. Beim entspannten Sprechen, vor allem in der tieferen Lage, spüren Sie die Resonanz der Töne im Rücken- und Brustbereich. Höhere helle Töne können Sie vom oberen Brustbereich bis in den Kopf hinein spüren.

Die Stimmresonanz verstärken

Summe ein „Mmmm ....“ und spüre nach, wie es im Körper vibriert. Dazu kannst Du auch mit Deinen Händen nachfühlen. Öffne das „M“ nach und nach zu den Vokalen des Vokaldreiecks und singe die Übergänge langsam verschmelzend wie in Zeitlupe „M – O – A – E – I – Ü – U – O“. Experimentiere damit, bei welchem Vokal sich die Resonanz am besten in Deinem ganzen Körper ausbreitet. ○

Die Stimme im Körper bewegen

- Für eine lebendige Sprechmelodie: Lege Deine Handflächen sanft auf den Brustkorb und sage: „Stimmiges Körpergefühl“. Spüre, wie dabei unterschiedliche Resonanzräume im oberen und unteren Bereich anklingen. Lasse nun Deine Stimme auf einem „Mmmmm“ nach oben gleiten und wieder zurück. Ganz leicht ohne Druck. Gehe auf „double you“, dem englischen „W“, einmal den ganzen Umfang Deiner Sprechstimme herauf und wieder herunter. Erzähle, indem Du nur den Laut „double you“ verwendest, eine kleine Geschichte. Variiere dabei wie in einem lebendigen Dialog Sprechmelodie und Rhythmus. Berichte von etwas Dramatischem, das Deine Stimme in Bewegung setzt. Dabei darfst Du ruhig übertreiben!

- Mache auch direkt vor Auftritten einige Summ-Übungen. Spüre, wie Deine Stimme dabei im Körper schwingt. Lasse diese Resonanzräume in Brust und Rücken auch später beim Sprechen mitklingen. ○

Erlauben Sie sich, beim Sprechen Ihre Hände mit ins Spiel zu bringen. Sie unterstützen die Auf- und Abbewegungen einer lebendigen Sprechmelodie. Wenn Sie sich bisher vor allem auf die Mitte Ihrer Stimmlage beschränkt haben, wird es Ihnen zu Beginn vielleicht übertrieben und künstlich vorkommen, mehr Lebendigkeit in Ihre Sprechweise zu bringen. Doch wenn es sich um festgefahrene Gewohnheiten handelt, kann die eigene Wahrnehmung täuschen.

Selbstcheck

Um sich einmal von außen zu hören, können Sie den gleichen Text in mehreren Variationen aufnehmen. Dazu reicht für diesen Zweck schon ein einfaches Aufnahmegerät, das in jedem Smartphone zu finden ist. Nehmen Sie sich zunächst auf, wenn Sie Ihrer Auffassung nach „normal" sprechen und ein zweites Mal, wenn Sie Ihrem Gefühl nach übertrieben emotional sprechen. Hören Sie sich an, ob die Übertreibung wirklich übertrieben klingt. Wo wäre die goldene Mitte? ○

Bewältigung auf der mentalen Ebene

Machen Sie sich vor dem Sprechen bewusst, was das Ziel Ihres Vortrags ist. Möchten Sie Ihre Zuhörer zu etwas motivieren oder in einen bestimmten Zustand versetzen? Gehen Sie selbst zuerst in diesen Zustand: Sie möchten begeistern? – Zeigen Sie Ihre eigene Begeisterung! Sie möchten beunruhigen? – Zeigen Sie Ihre eigene Beunruhigung!

Ein Sprecher berührt seine Zuhörer, wenn es ihm gelingt seine Inhalte zusammen mit seinen Gefühlen zu vermitteln. Dazu brauchen Sie Ihren Ausdruck nicht künstlich zu verstärken oder zu übertreiben. Statt des Gefühls würde bei Ihren Zuhörern diese Übertreibung ankommen. Es genügt, wenn Sie sich mit Ihrer Vorstellung mitten ins Thema begeben und sich davon bewegen lassen. Das bedeutet, nicht jede Betonung zu planen, sondern die stimmlichen und körperlichen Bewegungen zuzulassen, die durch Ihre Vorstellungskraft entstehen.

Die hierfür benötigte gelassene Konzentration entsteht genau in dem Moment, in dem Sie beim Reden ganz in Ihr Thema eingetaucht sind. Für den Anfang finden Sie im nächsten Impuls zu „Stimme und Gestik" konkrete Anregungen, wie sich Inhalte in Gesten umsetzen lassen. Falls Sie daran gewöhnt sind, Ihren Körper beim Sprechen kaum zu bewegen, mag es sich am Anfang seltsam anfühlen auch die Hände und Arme mit ins Spiel zu bringen. Vielleicht möchten Sie zuerst einmal allein damit experimentieren:

Theatrale Begrüßung

Stellen Sie sich zum Sprechen vor einen großen Spiegel und begrüßen Sie freudig Ihr liebstes Publikum. Übertreiben Sie die Gesten wie ein Zirkusdirektor, der ein ganzes Zelt voller Menschen unterhalten möchte. Schauen Sie sich dabei an: Wie wirken Sie? Wie klingt Ihre Stimme? Und dann machen Sie genau das Gegenteil: Stellen Sie sich so steif wie ein Bügelbrett hin. Die Hände und Arme bleiben ganz nah am Körper. Sprechen Sie wieder den gleichen Text. Beobachten Sie sich: Wie wirken Sie jetzt? Wie klingt Ihre Stimme? ○

Wo könnte für Sie der Spaß am Sprechen liegen? Wenn Sie selbst beim Sprechen eine gute Zeit haben, ist die Chance am größten, dass der Funke überspringt und auch Ihre Zuhörer den Vortrag genießen.

Rückendeckung: Die Sprechwolke zum Anlehnen

Erlaube Dir in einen gelösten Zustand zu kommen, bevor Du zu sprechen beginnst und vertraue auf Deine Vorbereitung: Vertraue auf das, was Du weißt und auch auf das, was Du improvisieren kannst.

Stelle Dir den unermesslichen Erfahrungs- und Wissensschatz vor, den Du bis jetzt in Deinem Leben erworben hast. Er befindet sich direkt hinter Deinem Rücken. Wörtlich hinter Deinem Rücken – wie ein großes, weiches Kissen oder eine Wolke, an die Du Dich anlehnen kannst. Ein elastisches Gewebe aus den prägendsten Momenten Deines Lebens, aus Aha-Erlebnissen, bedeutsamen Entdeckungen und den Sätzen Deiner wertvollsten Lehrer. Wenn Du Dich an Deine Sprechwolke anlehnst, öffnet sich wie von selbst Dein Brustkorb nach vorn: die Atmung wird tiefer, die Schultern fallen auf ihren Platz, die Arme und die Hände werden frei zum Sprechen und Handeln. Deine Stimme fließt aus den inneren Bewegungen, die sie in sich aufnimmt und lebendig nach außen trägt. ○

14 Impuls Nr. 14 Der Körper spricht Bände

Wenn wir vor einem Publikum stehen, senden wir wie bei jeder Kommunikation im Alltag ständig Signale aus. Einige davon sind bewusst gewählt. Doch wenn wir innerlich angespannt und sehr mit dem Inhalt beschäftigt sind, kann es sein, dass unser Körper nebenbei noch erstaunliche Dinge tut, die wir in diesem Moment selbst nicht wahrnehmen.

Diese unbewussten Bewegungen beim Reden vor Publikum entstehen dadurch, dass wir die Situation unterschwellig als gefährlich einstufen. Da sich unser Überlebenstrieb in Gefahrensituationen einschaltet, sorgt unser Körper sofort für eine hohe Energiezufuhr. Mit einem Säfte-Cocktail aus Adrenalin und anderen körpereigenen Stoffen bringt er uns in erhöhte Leistungsbereitschaft für besondere körperliche Anforderungen. Damit tut er, was er kann, denn in Urzeiten bestanden diese Anforderungen aus Flüchten oder Kämpfen. Heute hingegen gilt es meist psychische Belastungen zu überstehen und Situationen zu meistern, in denen wir uns abhängig von der Beurteilung anderer sehen: Prüfungen, Auftritte, Bewerbungsgespräche. Auch Zeitnot und andere widrige Umstände können uns massiv unter Druck setzen.

Eine geringe Adrenalin-Dosis ist wichtig und wir brauchen sie, um beispielsweise bei einem Theater- oder Musikauftritt konzentriert und leistungsfähig zu sein. Das Cocktail in unseren Adern sorgt für einen besonderen, etwas angespannten und leicht euphorischen Zustand. Ganz ohne dieses kleine Kribbeln im Bauch wären wir spannungslos, zu gelangweilt und würden auch selbst langweilig wirken. Bei wichtigen Anlässen etwas Lampenfieber zu haben ist also nicht nur normal, sondern ein hilfreicher Kick, um ein Thema konzentriert und mit der nötigen Intensität zu vermitteln. Bei starkem Lampenfieber passiert in unserem Körper allerdings zu viel des Guten: Der Körper kommt ins Schwitzen, wir werden unruhig und die Atmung wird flach. Eine dermaßen starke Ladung kann in Stresssituationen des Alltags oder auf der Bühne nicht in Bewegung umgesetzt werden und staut sich an: Wir fühlen wir uns unwohl. Der Körper versucht dann, diese Anspannung durch kleine Bewegungen, unbewusste Schritte oder Zittern wieder abzubauen. Wir befinden uns dabei im Überlebensmodus und nicht in einem Zustand, der klangvolles Sprechen oder gar kreativen Charme zulässt.

Die Bewältigung auf der mentalen Ebene

Etwas Aufregung zeigt durchaus etwas Gutes an: Nämlich dass uns die Sache, für die wir gerade ein- und auftreten, sehr wichtig ist und dass wir uns hundertprozentig dafür einsetzen. Besonders starkes Lampenfieber beginnt aber meistens mit überzogenem Leistungsdruck und selbstkritischen Gedanken. Diese Gedankenmuster steuern uns vor allem im Unterbewusstsein, wo sie oft übers Ziel hinaus schießen und uns im wahren Sinne des Wortes ver-rückt machen: Wir sind nicht mehr wir selbst und unsere Fähigkeiten kaum noch wieder zu erkennen.

Wenn Sie sich von Ihrem Lampenfieber überwältigt fühlen, können Sie sich an einem ruhigen Tag, also nicht erst am Tag Ihres Auftritts, blockierenden Gedanken bewusst machen und entlarven: Was ist daran real und was nicht? Am besten versetzen Sie sich dazu in die Situation, in der Sie üblicherweise kurz vor oder am Anfang Ihres Auftritts sind und schreiben die Gedanken auf, die Ihnen in diesen speziellen Momenten häufig in den Sinn kommen. Machen Sie sich eine Liste mit sämtlichen „Lampenfieber-Gedanken“, an die Sie sich erinnern. Schauen Sie sich diese Liste genau an. Achten Sie dabei auch auf Details wie beispielsweise Ihre Wortwahl und pauschale – meistens negative – Aussagen über sich selbst. Welche der Gedanken haben Bestand und können Sie zu sinnvollem Verhalten, wie etwa zu einer besseren Vorbereitung anregen? Welche dagegen sind verurteilender Art? Sie können wenig hilfreiche Gedanken loslassen, indem Sie diese einfach in hilfreiche umformulieren. Wenn Sie beispielsweise häufig denken „Jetzt warten alle nur darauf, dass ich einen Fehler mache!", werden Sie zugeben müssen, dass das in dieser absoluten Form nicht zutrifft. „Alle" warten sicher nicht darauf und auch das Verb „warten" ist sicher eine Spur zu übertrieben. Es mag vielleicht Kritiker im Publikum geben, aber sicher sind auch andere Personen dabei, die Ihnen und Ihrer Meinung wohlgesonnen sind. Die Frage ist nun, wie Sie mit Ihren Kritikern umgehen. Wie können Sie sich auch auf Fragen aus einer kritischen Perspektive vorbereiten? Und wie kann das Ihren Vortrag sogar bereichern?

Wichtig ist, dass Sie sich selbst gegenüber in jedem Fall einen liebevollen Blickwinkel einnehmen und diese Haltung konsequent weiter entwickeln. Ein Publikum spiegelt uns Gedanken und kritische Stimmen wider, die wir in Bezug auf uns selbst haben. Und das in potenzierter Form, multipliziert mit der Anzahl der Zuhörer. Deshalb haben wir manchmal Angst, vor einer großen Gruppe Menschen zu sprechen – doch letztlich ist es die Angst vor dem Kritiker in uns selbst. Aus diesem Grund tragen Präsentationssituationen stets auch ein großes Entwicklungspotential in sich: Wir erfahren Dinge über uns, die uns ohne diese Herausforderung verborgen bleiben würden. Die Transformation dieser beschränkenden Grundannahmen lässt die ganze Persönlichkeit reifen und gibt innerlich Kraft.

Was Sie tun können:

Die Motivation zum Sprechen klären

Denken Sie an das freudig-spannende Gefühl, das Sie mit Ihrem Thema verbindet. Warum halten Sie diesen Vortrag und wozu treten Sie damit auf?
Schreiben Sie alles auf, was Ihnen dazu einfällt. Oder suchen Sie sich einen Partner und erzählen Sie es ihm. Lösen Sie sich von der Wichtigkeit Ihrer Person und stellen Sie das Thema und Ihre damit verbundenen Ziele in den Vordergrund. Wenn Sie Ihre Motivation geklärt haben, wird auch der Rest der Vorbereitung leichter: Alles fällt auf seinen Platz. ○

Oft ist es erleichternd, wenn uns klar wird, dass es nicht um uns als Sprecher persönlich geht, sondern um unser Anliegen, das wir sprechend in die Welt setzen möchten. Wir sind Teil eines umfassenderen Gesamtbildes; jeder Vortrag, jede Präsentation, jede Vorlesung sind ein Puzzleteil darin.

Ein wichtiger Hinweis: Bitte schreiben Sie Ihre Gedanken wirklich auf, auch wenn es etwas mehr Einsatz erfordert. Es reicht nicht aus „irgendwie" zu wissen, was Ihre Gedanken sind. Warum? Etwas aufzuschreiben erfordert eindeutige Formulierungen. Sie müssen sich genau darüber klar werden, was und wie Sie denken – mit welchen Begriffen und mit welcher Vorstellung von sich selbst und Ihren Zuhörern. Sie können den einmal aufgeschriebenen Gedanken danach laut lesen und spüren dabei viel leichter, ob er „stimmt", ob er wirklich dem entspricht, was in Ihnen vor sich geht. Außerdem „veräußern" Sie Ihre Gedanken beim Schreiben: Jeder Gedanke, den sie aufgeschrieben haben, ist danach nicht mehr untrennbar mit Ihrer Person verbunden, sondern liegt als Objekt vor Ihnen. Sie können nun etwas damit tun: Blockierende Gedanken aufräumen und inspirierende verstärken.

Bewältigung auf der körperlichen Ebene:

Anspannung loslassen

- Vor dem Auftreten können Sie einen Teil Ihrer Energie durch Ausschütteln und bewusstes Ausatmen wieder abgeben. Oder Sie lassen Spannung über die Stimme los: Schnauben Sie wie ein Pferd mit und ohne Ton. Das entspannt die Gesichtsmuskeln und auch gleich die Stimmbänder. Einige Menschen machen vor dem Auftritt Liegestütze. Warum nicht? Was Sie umsetzen können, hängt zum einen von der Raumsituation ab: Sind Sie in einem Raum, in dem Sie sich unbeobachtet bewegen können? Zum anderen spielt Ihr Naturell eine wichtige Rolle: Lieben Sie eher sanfte fließende Bewegungen oder kraftvoll-zackige?

- Was immer funktioniert, ist ein bewusstes Ein- und Ausatmen. Das ist auf völlig lautlose Weise möglich und bringt Sie in Ihren Körper und in eine innere Ruhe zurück. Konzentrieren Sie sich beim Atmen auf Ihre Körperrückseite und auf die untere Rückenpartie. Sie können das Ausatmen auch mit einem leichten Summton auf einem „mmmm" begleiten. Das verstärkt das Ausatmen – das in dieser Situation so wichtige Loslassen – und mobilisiert zugleich Ihre Resonanzräume. Auch Kaubewegungen und -geräusche unterstützen eine tiefe Stimmlage und den natürlichen, angenehm sonoren Klang Ihrer Stimme. Die leichten Schwingungen in Ihrem Oberkörper wirken beruhigend auf Sie zurück.

Achten Sie beim Sprechen unbedingt auf einen guten Bodenkontakt und einen sicheren Stand. Das geht am besten in flachen Schuhen oder beim Proben barfuß. Bewegungsdrang können Sie in gezielte Bewegungen der Arme und Hände umleiten. Natürlich müssen Sie nicht wie angewurzelt stehen zu bleiben. Aber ein sicherer Stand bildet eine gute Ausgangsposition, in die Sie aus bewegten Sprechphasen jederzeit zurückkehren können. Als Vorbereitung für Sprech- und Auftrittssituationen ist es unterstützend, wenn Sie Ihren Körper bereits in „harmlosen" Situationen im Alltag genau wahrnehmen und lernen, wie Sie ihn entspannen. So können Sie übermäßige Anspannung auch bei Auftritten rechtzeitig erkennen und ihr entgegenwirken, bevor jemand anders davon überhaupt Notiz nimmt.

Ich wünsche Ihnen, dass Sie Ihre Aufregung bald als energiespendenden Begleiter wahrnehmen und beim Vorstellen Ihres Themas mit Ihrem Publikum Freude haben – immer mehr!

Noch was …

Du fragst mich, was soll ich tun?
Und ich sage: Lebe wild und gefährlich, Arthur.

Arthur Schnitzler in einem Brief an Arthur Rimbaud

15 Impuls Nr. 15 Die Hände bei Vorträgen

Im Alltag bleiben unsere Hände selten ohne Aufgabe – wir haben sie schließlich immer mit dabei. Dagegen kommt es bei Vorträgen interessanterweise häufig vor, dass ein Redner seine Hände kaum einbezieht und sie manchmal sogar als lästig empfindet.

Der Grund für die Bewegungslosigkeit der Hände liegt, ähnlich wie bei unbewussten Bewegungen, in einer körperlichen Überlebensstrategie. Wenn sich der Sprecher einer bedrohlichen Situation ausgesetzt sieht und dadurch unsicher wird, geht der Körper beim Präsentieren in eine leichte Starre. Dabei werden Gefühle zurückgehalten: Der spontane Ausdruck, der in Situationen, in denen wir uns wohl und sicher fühlen unbemerkt und frei fließen kann, friert ein. Vom limbischen System unseres Gehirns aus wird eine Art Sicherheits-Modus in Gang gesetzt: Wir machen uns unsichtbar, um nicht angegriffen zu werden und um letztlich ungeschoren davon zu kommen. Was in freier Wildbahn durchaus sinnvoll ist, wird auf der Bühne, hinter dem Rednerpult oder auf dem Diskussionspodium unglücklicherweise zum Paradox. Schließlich wollen wir, oder will zumindest ein Teil von uns, gesehen und gehört werden. Warum sonst würden wir einen dieser Orte betreten?

Die Bewältigung auf der emotionalen Ebene

Es geht darum, den Ort der Bühne oder des Podiums im eigenen Erleben wieder umzudeuten: Von einem Ort der Gefahr zu einem Ort der Kreativität und des Wohlgefühls. Dann laufen unsere Gestik und Mimik bald wieder natürlich ab.

Was können Sie dazu tun?

Die Bühne: Ort für Kreativität und Mitteilung

- Verbinden Sie sich vorher so stark mit Ihrem Thema, dass Sie „voll wie ein Schwamm" das Podium betreten. Die Gedanken dazu könnten sein: „Endlich ist hier ein Ort, an dem ich etwas von meinem Thema mit anderen teilen kann" „Es geht nicht um mich persönlich. Es geht um das Thema, für das ich mich hier engagiere."

- Fokussieren Sie sich auf freundliche Gesichter im Publikum. Ihr Publikum besteht aus Freunden, die genau an Ihrem Thema interessiert sind, denn sonst wären sie nicht hier. Endlich dürfen Sie das, was Sie bewegt, mit diesen Menschen teilen. ○

Sie müssen nicht perfekt sein, um vor Menschen zu sprechen. Zum einen gibt es nicht den „perfekten Redner" per se, zum anderen ist für Ihre Zuhörer nicht nur Ihre Sachkenntnis interessant, sondern auch und gerade Ihr persönlicher Blickwinkel auf das Thema. Kleine „Macken" werden in der Regel gern toleriert, wenn Sie als Sprecher transparent und humorvoll damit umgehen.

Überhaupt „Humor": Er ist – wie überall in der Kommunikation – auch hier eine wichtige Zutat. Es ist befreiend, wenn wir über uns selbst lachen können. Auch um als Sprecher seinen eigenen Stil zu entwickeln, benötigt man eine Prise Humor. Haben Sie jemals einen Menschen erlebt, der sich köstlich amüsiert hat und dabei nicht wusste, was er mit seinen Händen machen sollte?

Die Bewältigung von der mentalen bis zur körperlichen Ebene

Wenn Sie mit ausdrucksstarken verbalen Bildern arbeiten, wird es Ihnen leicht fallen, die Hände zum Zeigen im Raum zu benutzen und sie von Anfang an einzubeziehen. Obwohl die Hände nur eine relativ geringe Fläche des Körpers ausmachen, spielt ihr „Handling" eine große Rolle: Sie wirken bedeutend souveräner, wenn Sie beim Sprechen Gesten einsetzen. Wieder gilt: Stellen Sie sich ganz genau vor, über was Sie reden und ordnen Sie es imaginär im Raum an. Je größer der Vortragsraum ist, desto raumgreifender dürfen auch Ihre Gesten sein.

Die Vorstellungskraft füttern: Gesten beim Vortragen

Die Dinge, über die Sie sprechen, können Sie wie an einem (Markt-)Stand präsentieren, aus einer großen Kiste nach oben holen oder wie auf der Miniaturlandschaft einer Modelleisenbahn vor sich andeuten. Wenn Sie es abstrakter lieben, stellen Sie sich eine große transparente Grafik vor, die zwischen Ihnen und dem Publikum steht. Achtung: Chronologische Anordnungen sollten Sie aus Ihrer Sicht spiegelverkehrt zeigen, damit sie für Ihr (europäisches) Publikum von links nach rechts lesbar sind. Am besten üben Sie die veranschaulichenden Gesten, während Sie bei der Vorbereitung Ihren Vortrag laut durchgehen. ○

Ein weiterer Vorteil, wenn Sie bereits bei der Vorbereitung Gesten einsetzen: Sie können sich die Abfolge, die Sie sich zusammen mit Bewegungen eingeprägt haben, bedeutend besser merken.

Das gestische Repertoire erweitern

Machen Sie eine Liste von Tätigkeiten, die Ihre Hände im Alltag verrichten und die beim Präsentieren relevant sein könnten. Vergegenwärtigen Sie sich die Gesten, die dazugehören. Zum Beispiel auf etwas zeigen, etwas (hoch-)halten oder ein Material spüren, auf Tuchfühlung gehen, schieben, drücken, pressen, schließen, tasten, Fingerspitzengefühl zeigen, winken, locken, einordnen, loslassen und viele andere „Hand-lungen".

- Schauen Sie sich an, wie Gebärdensprachler, Pantomimen oder Menschen aus südlichen Ländern Ihre Hände einsetzen. Lassen Sie sich durch den Gesamteindruck inspirieren, und vergessen Sie die einzelnen Gesten wieder. Nehmen Sie etwas dieses von innen nach außen Bewegtseins in Ihre Körpersprache auf. ○

Im Grunde genommen heißt mehr Gesten einsetzen: Zulassen, dass Ihr Körper von Ihrer Vorstellungskraft bewegt wird.

Bringen Sie für den Anfang Achtsamkeit und eine minimale Spannung bis in Ihre Fingerspitzen. Die Arme und Schultern dürfen Sie zwischendurch immer wieder entspannen, die Hände ab und zu auf eine Höhe unterhalb des Bauchnabels bringen. Dadurch atmen Sie tiefer und erreichen einen gelassenen Zustand.

Der gezielte Einsatz der Hände fördert zugleich eine deutliche Artikulation und eine lebendige Sprachmelodie. Ein lebendiges Beispiel dafür ist die Sprechweise bei Italienern: Starke Gestik und starke Modulation beeinflussen sich auf stimmige Weise gegenseitig.

Mit diesem vierten und letzten Impuls zum Thema Sprechen vor Publikum wünsche ich Ihnen viel Erfolg beim „Hand“-eln!

Noch was …

Das „Training“ der Gestik ist im Grunde etwas Absurdes. Denn Sie oder etwas in Ihnen weiß genau, wie es geht. Solange Sie nicht nachdenken, weil Sie sich wohl fühlen, machen Sie alles richtig. Ein guter Trainer sorgt also erst mal dafür, dass Sie sich wohlfühlen, oder? Oft werden Sie selbst dieser Trainer sein. Denn auf dem Podium ist man ja meist allein.

Das, was wir am nötigsten brauchen, ist ein Mensch, der uns dazu bringt, das zu tun, was wir können.

Ralph Waldo Emmerson

Kapitel VI
Die Kraft der Stimme freisetzen

In diesem Kapitel geht es aus verschiedenen Blickwinkeln um die Kraft und die Klarheit Ihrer Stimme und darum, wie Sie sich beides erhalten.

16 Impuls Nr. 16
Stimmkraft aus der Mitte

Einige Menschen fallen besonders dadurch auf, dass sie nicht auffallen: Sie sprechen außerordentlich leise. Der Stimmansatz ist bei leisen Sprechern meist nur angehaucht, leise Frauen regeln sich zusätzlich oft etwas oberhalb ihrer natürlichen Stimmlage ein. Obwohl die Stimme auf diese Weise freundlich klingt, hat diese Art zu sprechen einen entscheidenden Nachteil: Sie trägt nicht. Wenn sich der Geräuschpegel in der Umgebung auch nur leicht erhöht, sind Menschen mit angehauchten Stimmen kaum noch zu verstehen.

Gehören auch Sie zu den leisen Sprechern? Oder kennen Sie Menschen aus Ihrem Bekannten- und Kollegenkreis, auf die diese Beschreibung zutrifft? Dann wissen Sie bestimmt, dass es mit der einfachen Aufforderung „Bitte lauter sprechen!“ nicht getan ist. Durch jahrelanges Einüben ist uns unsere Art zu sprechen so sehr zur zweiten Natur geworden, dass wir nicht wissen, was wir dabei tun, genauer gesagt, wie wir dabei unsere Muskeln einsetzen, geschweige denn, was wir anders machen könnten. Die gute Nachricht ist: Selbst wenn Sie das Potential Ihrer Stimme bisher nicht ausgeschöpft haben, gehen Ihre grundlegenden Fähigkeiten nicht verloren. Indem Sie die Beweglichkeit Ihrer Stimmmuskeln trainieren, reaktivieren Sie zugleich Ihre vollen Klangmöglichkeiten und auch die Fähigkeit laut zu sprechen. Weil es im Grunde darum geht, wie man auf eine funktionale, gesunde Weise spricht, sind Anregungen zum Kräftigen der Stimme nicht nur für Leise-Sprecher, sondern für alle hilfreich, die ihre Stimme stark beanspruchen.

Eine tiefe Atmung ist die Grundlage für einen kraftvollen Stimmklang. Die Tiefenatmung stellt ausreichend Atemdruck zur Verfügung, um die Stimmlippen in eine starke Schwingung zu versetzen. Der Atemdruck, aus dem der Ton entsteht, wird durch den Einsatz von Muskeln in Beckenboden, Bauch und Unterbauch unterstützt und konstant gehalten. Durch allmähliches Zusammenziehen während der Stimmgebung halten sie den Luftdruck konstant. Vielleicht haben Sie im Zusammenhang mit Gesangs- oder Sprechunterricht schon einmal den Begriff „Stütze“ gehört. Hinter dieser Bezeichnung verbirgt sich eine Art muskuläres Korsett, das wir in uns aktivieren können, um der Stimme Halt und konstante Kraft zu geben. Dadurch, dass wir diese Stützmuskulatur in der Mitte unseres Körpers nutzen, bleibt der Rachenraum frei zur feineren Abstimmung der Klangqualität. Wenn Menschen ihre Stimmkraft nicht aus der Körpermitte holen, sondern stattdessen im Kehlbereich herauspressen, klingt die Stimme eng oder scharf.

Was beim Sprechen passiert, können Sie in Kurzform direkt ausprobieren:

Kraft aus der Körpermitte holen

Sprechen findet immer mit der Ausatmung statt. Um zu erfahren, was Dein Körper dabei macht, lege bitte die Handflächen auf Deinen Unterbauch und rufe laut „Ey“ – so als wolltest Du jemanden erschrecken oder einen Dieb zurückhalten. Spüre dabei nach, wie sich Deine Bauchdecke bewegt. Sie wölbt sich nach innen, oder? Das ist die logische Gegenbewegung zum Einatmen, bei der sich die Bauchdecke weitet. Es fühlt sich ähnlich an, als ob Du jetzt auf „die Tube" drückst und dadurch die Luft nach oben gepresst wird. Wiederhole es ruhig noch einmal, um Dich mit dem Gefühl vertraut zu machen. ○

Bei dieser Tonerzeugung ist weit mehr als der Bauch beteiligt. Auch die unterhalb des Bauchbereichs liegenden Muskeln des Beckenbodens werden aktiv. Die folgende Übung zeigt, wo diese Muskeln liegen und wie sie zur Verengung des unteren Bauchraums beitragen. Der Beckenboden hat für den gesamten Körper eine wichtige Stützfunktion und ist auch an der Stimmgebung beteiligt. Das ist an sich ein natürlicher Vorgang, doch viele von uns haben verlernt mit dem ganzen Körper zu sprechen. Wir können diesen Bereich des Beckens, der es nach unten abschließt und der für das Volumen und die Kraft unserer Stimme so immens wichtig ist, aber wieder mit ins Boot holen.

Den Beckenboden aktivieren

- Wenn Du aufrecht auf einem Stuhl sitzt, fühlst Du rechts und links Deine beiden Gesäßknochen, die auf die Sitzunterlage drücken. Bewege Deine beiden Sitzhöcker mit geringem Muskelaufwand aufeinander zu, indem du die Po-Muskeln anspannst, und entspanne sie dann wieder. Wiederhole das Anspannen und Loslassen einige Male. Dabei wirst Du Dich leicht vom Stuhl abheben: Damit hast Du Deinen Beckenboden aktiviert! Es ist eine Bewegung, die vom Atmen oder Sprechen völlig unabhängig ist. Sobald Du ein Gefühl für die beteiligten Muskelpartien hast, kannst Du die Bewegung kleiner machen, so dass Dein Körper dabei äußerlich ruhig auf der Sitzfläche bleibt und das Du das Zusammenziehen der Muskeln nur noch im Inneren Deines Körpers spürst.

- Verbinde diese Muskelbewegung nun mit dem Ausatmen. Ein Geräusch unterstützt Dich dabei: Atme auf einem „EFF“, also auf einem langgezogenem „fffff“ aus, während Du langsam die Beckenbodenmuskulatur zusammenziehst. Etwas intensiver wirkt diese Übung mit einem langgezogenem „www“. ○

Das ist schon die Basis des gestützten Sprechens. Im Unterschied zu dem schnellen Ruf „Ey“, mit dem Du jemanden erschreckst, wird hier die Luft viel langsamer und kontrollierter entlassen. Genau so, wie wir es brauchen, um beim Sprechen die Atemspannung bis zum Satzende zu halten.

Sprechen mit Beckenpower

Du kannst nun verschiedene Geräusche ausprobieren: „CH“ oder „SCH“ eignen sich gut, weil hierzu ein starker Atemdruck erzeugt werden muss. Die nächste Phase sind Sätze, die Du wieder mit dem Beckenboden abstützt. Du kannst dazu einfache Begrüßungen sprechen oder einen Satz, den Du auch sonst oft sagst. Oder Du bildest Nonsens-Sätze in denen „CH“ und „SCH“ oft vorkommen, zum Beispiel „Ich kichere nicht, Du Wicht. // Nicht in dieser nächtlichen Schicht“. Spüre beim lauten Lesen nach, wie sich beim Sprechen Dein gesamter Beckenboden von unten und von den Seiten wie eine sich verengende Schale oder ein Korb zusammenzieht. ○

Im Stehen wirkt das gleiche Prinzip. Da nun die Sitzhöcker als Orientierungspunkte wegfallen, ist es hilfreich, wenn Sie vorher gelernt haben, Ihre Beckenbodenmuskulatur genau wahrzunehmen. Sie können sich bei kurzen Impulsen, also bei jeder Silbe oder einsilbigen Worten wie „ich", „mich", „nicht' auch vorstellen, einen Kirschkern zwischen den Pobacken weg zu federn oder damit eine Nuss zu knacken. Ich weiß, das mag eine seltsame Vorstellung sein, aber sie hilft: Denn Phantasie und ausdrucksstarke Bilder sind beim Einprägen von neuem Lernstoff meist gute Lehrer.

Zusätzlich hilft es während der Sprechphase, wenn Sie die Fersen als verstärkenden Impuls leicht in den Boden stemmen, beziehungsweise den Druck nach unten verstärken: Als würden Sie sich, von außen unsichtbar, vom Fußboden abdrücken. Jedes Abstützen, das die Kraft aus dem Boden holt, unterstützt die Aktivität des Zwerchfells – und damit auch die Kraft Ihrer Stimme. Auch mit den Armen können Sie Ihrer Stimme einen Impuls geben: Sie holen ihn zum Beispiel aus dem Gegendruck, der beim Abstützen von einem Möbelstück entsteht.

Achten Sie darauf, dass sich die zusammengezogene Bauch- und Beckenmuskeln nach der Sprechbewegung – also nach dem Ausatmen – zum neuen Einatmen wieder möglichst vollständig lösen. Meist ist eine bewusste kurze Pause nötig, damit sich die Einatemluft auch bis in den unteren Teil der Lunge hinein erneuern kann. Hier kommt die reflektorische Atmung ins Spiel, die Sie schon in Impuls Nummer sieben kennengelernt haben.

Noch was …

Ein zweiter „Mund"
Zur Unterstützung der Zwerchfell-Aktivität können Sie sich vorstellen, dass Sie direkt unterhalb des Bauchnabels einen zweiten Mund haben. Dieser versteckte Gehilfe, der für die Stimmpower zuständig ist, schickt die Stimme zum sichtbaren Mund nach oben. Dadurch wird die Kehle entlastet. Der Kehlbereich kann sich nun auf seine eigentliche Aufgabe konzentrieren: Die Feineinstellung der Töne, bevor diese von „Mund Nummer Eins" in die Welt entlassen werden.

17 Impuls Nr. 17
Lautstärke in Balance

Bevor wir zum praktischen Teil kommen, möchte ich Ihnen einige weitere Informationen zum Thema Stimme und Lautstärke geben: Unsere normale Sprechlautstärke liegt etwa bei 65 Dezibel (dB). Wenn ein Mensch so richtig laut wird, können es kurzfristig sogar 120 bis 130 Dezibel sein. Zum Vergleich: Die Lautstärke eines startenden Flugzeugs beträgt rund 120 Dezibel. Allein dieses Beispiel zeigt, dass wir bedeutend mehr Power in der Stimme haben, als wir normalerweise im Alltag benutzen.

In Bezug auf die Stimme ist Lautstärke – anders als bei einer Stereoanlage – übrigens nicht gleichbedeutend mit „Volumen". Volumen beschreibt die Resonanzqualität einer Stimme, die umso voluminöser ist, je mehr Teiltöne (Formanten) sich in ihrem Grundton bündeln. Eine voluminöse Stimme muss deshalb nicht zwangsläufig auch laut sein. Aber man hat mit ihr die Möglichkeit mühelos laut zu werden, ohne dass ihr Klang leidet und sie sich schrill oder gequetscht anhört.

Zur Lautstärke Ihrer Stimme tragen drei wesentliche Faktoren bei:

- Der Atemdruck
- Der Stimmbandschluss
- Die Verstärkung im Rachen-, Mund- und Nasenraum (Vokaltrakt)

Zum einen ist es also von Bedeutung wie Sie atmen und wie Sie den Atemdruck unterstützen, damit ein ausreichend starker und konstanter Luftstrom entsteht. Wer die Stimmkraft aus der Körpermitte holt, hat bereits eine gute Grundlage, um seine Stimme bei Bedarf kräftig werden zu lassen.

Die nächste Station im Körper, die im wahrsten Sinne des Wortes die Lautstärke Ihres Tones „bestimmt", sind die Stimmlippen, beziehungsweise Stimmbänder. Über dem Atemdruck, der sich unter den Stimmbändern aufbaut, öffnen und schließen sich die Stimmbänder beim Sprechen. Ist ihr Kontakt dabei großflächig und die Verschlussphase länger als die Öffnungsphase, dann „knallen" die Schallwellen mit dem Druck, den sie aufgebaut haben, nach oben: Ein klarer, lauter Ton entsteht. Schließen die Stimmlippen mit wenig Masse, dann ist der Ton leiser. Wenn dabei zusätzlich ein kleiner Bereich der Stimmlippen geöffnet bleibt, entweicht mit den Schallwellen auch noch Luft: Der Ton wird hauchig. Das erklärt auch, warum eine hauchige Stimme nie sehr laut werden kann. Denn bei einer halb geöffneten Stimmritze baut sich kaum Druck hinter den Stimmlippen auf.

Das heißt: Wer die Tendenz hat leise zu sprechen, sollte auf einen guten Stimmbandschluss achten. Den haben Sie, wenn Sie die Stimme mit einem kleinen Impuls aus der Kehle ansetzen, wie Sie es bereits mit dem kurze „Ey" im voran stehenden Impuls (Nummer sechzehn) getan haben. Durch dieses kleine Anstoßen der Stimme, das auch entsteht, wenn man vorher ein „G" spricht wie bei „geh" oder „go", schließen sich die Stimmbänder vollständig.

Rufen mit Stimmbandschluss

Rufe ein träges „Ey" in der mittleren Stimmlage, als wolltest Du jemanden zur Seite schieben. So entsteht ein klarer, gesättigter Ton. Dehne ihn nun in die Länge: „Eeeey", vorn am Kehlkopf kannst Du mit der Hand spüren, wie sich Deine Stimmbänder beim Ansatz des Tones schließen. Nimm nun diese Stimmqualität mit in einen Satz, zum Beispiel: „Ey, fahr' langsaaam!" ○

Zum Schluss hat auch der Muskelapparat im Kehlkopf noch ein Wörtchen mitzureden: Wenn wir ihn verengen, entsteht ein Tubus mit kleinerem Durchmesser, in dem der Klang härter reflektiert und dadurch lauter, fast metallisch wird. Das ist vor allem beim Singen oder im Bereich von Theater und Comedy von Bedeutung. Es entstehen dabei Klänge, die beim Sprechen knödelig oder kehlig wirken – wie bei Kermit, dem Frosch: durchdringend, aber eben nicht für jede Gelegenheit geeignet.

Neben der Fähigkeit Töne zu produzieren, ist auch eine zutreffende Wahrnehmung der eigenen Stimme, der Zuhörer und der Situation nötig, um in einer angemessenen Lautstärke sprechen zu können. Wenn Menschen besonders laut oder leise sprechen, ist es deshalb wichtig zu prüfen, wie deren Gehör Frequenzen anderer Stimmen aufnimmt: Während Schwerhörige die Tendenz haben laut zu sprechen, halten sich Menschen mit sensiblem Gehör mit der eigenen Sprechlautstärke zurück. Um ihren Sprechpegel auf eine normale Lautstärke einzustellen, brauchen sie eine Rückmeldung von außen. Dabei ist es hilfreich, die Stimmresonanz und Ihre Intensität im Körper zu spüren und mit der Rückmeldung zur Lautstärke in Verbindung bringen. So entsteht eine unmittelbare körperliche Referenz für angemessen lautes Sprechen.

Außerdem trägt auch unsere innere Motivation und Klarheit trägt dazu bei, wie kräftig wir sprechen. Wenn wir uns über das, was wir sagen nicht sicher sind, neigen wir dazu leise zu sprechen. In diesem Fall ist die Lösung nicht auf der Ebene der Stimme zu finden, sondern in einer inneren Klärung der Gedanken und der zugrundeliegenden Einstellung. Wenn Sie dazu tendieren zu leise zu sprechen, können Sie sich zuvor einen Anfangssatz parat legen, mit dem Sie ohne Zögern lossprechen.

Stimme im Raum

Sowohl bei zu leisen als auch bei zu lauten Sprechern hilft es, sich die Stimme als unsichtbare Vektoren im Raum vorzustellen: Bis wohin geht ihre Reichweite? Erreicht sie den Gesprächspartner, fällt sie vorher ab (bei zu leiser Stimme) oder schießt sie über ihr Ziel hinaus (bei zu lauter Stimme)? Indem unsere Augen die Entfernung fokussieren, sind sie eine wichtige Orientierung für die Stimme. Die visuelle Einstellung gibt unserem körperlichen System wichtige Informationen darüber, wie viel Einsatz in Form von Atmung und unterstützendem Druck nötig ist, um den anderen zu erreichen. Leise Menschen nehmen oft wenig oder keinen Blickkontakt auf und verzichten dadurch auf diese Orientierung. Das Problem trägt die Lösung also bereits in sich: Blickkontakt unterstützt eine angemessene Lautstärke. Das gilt sowohl für zu leises als auch für zu lautes Sprechen.

Für alle, die draußen arbeiten wie Sportlehrer, Reiseführer oder Personal Trainer, ist es sinnvoll, zur Schonung der Stimme zusätzlich auch andere akustische Signale einzusetzen. Obwohl ihr hoher Signalton unübertroffen weit reicht, muss es nicht unbedingt eine Trillerpfeife sein. Sie können auch andere Instrumente, die hohe und damit weit hörbare Töne produzieren, kreativ setzen. Bei einem Seminar zum Thema Wildnis-Pädagogik hatte die Kursleiterin ein Kuhhorn dabei: Ein originelles akustisches Signal, das zum Thema passte und von einigen Teilnehmern auch gleich selbst ausprobiert wurde.

Für die „Lautsprecher" unter Ihnen:

Oft ist es nicht nur die Lautstärke, sondern auch die Klangqualität der Stimme, die Ihren Zuhörern unangenehm sein kann. Sie haben also die Möglichkeit, sowohl mit Ihrem Stimmklang als auch mit der Reichweite Ihrer Stimme zu experimentieren, um Ihre Lautstärke neu einzustellen.

Feedback für die Lautstärke

Machen Sie ein Experiment mit einem Freund, der sich in einigen Metern Entfernung als Zuhörer postiert. Probieren Sie mithilfe seines Feedbacks aus, welche Lautstärke ihn gut erreicht und welche zu stark wirkt. Sie können dazu immer wieder den gleichen Satz wiederholen oder einfach einen offenen Vokal singen, dann haben Sie nichts mit dem Text zu tun und können sich ganz auf die Reichweite Ihrer Stimme konzentrieren.

- **Auch den rückwärtigen Raum einzubeziehen ist hilfreich:** Stellen Sie sich einen Mund an der Rückseite Ihres Halses vor und dass sie jemanden, der hinter Ihnen steht, mit Ihrer Stimme erreichen möchten. Der Klang wird auf diese Weise voller und räumlicher, als wenn Sie direkt nach vorn sprechen.

- **Bei zu lauter Stimme:** Die Resonanz im Körper finden-Nehmen Sie Ihren Stimmklangs bewusst im Körper wahr und verstärken Sie ihn vor allem im unteren Rücken. So erhält er eine weichere resonanzreiche Tonqualität. Dieser voluminöse Klang ist angenehm für Ihre Zuhörer. Er klingt nicht schneidend oder durchdringend wie in der Kehle verstärkte Klänge. ○

Es ist eine Besonderheit der menschlichen Stimme, dass sie sich nicht wie ein mechanisches Instrument in einer gleichbleibenden Tonqualität laut und leise regeln lässt. Verändern wir die Lautstärke, so müssen wir ab einer bestimmten Stufe auch die Klangqualität verändern. Verändern wir die Klangqualität der Stimme, dann ändert sich damit auch ihre Lautstärke.

Noch was …

Je nach Intention kann ein lauter Ruf wie ein Schlag ins Gesicht oder wie ein rettender Engel wirken:

Die Stimme ist Körper, unsichtbarer Körper, der im Raum handelt.

Eugenio Barba / Theaterregisseur

18 Impuls Nr. 18
Den Kanal frei machen

„Wie dünn sie doch ist, diese Passage zwischen Kopf und Körper", dachte ich gerade, als ich vor dem Spiegel stand und eine der empfindlichsten Regionen unseres Körpers betrachtet habe: den Hals.

Im Vergleich zu den meisten Tieren hat der Mensch einen eher kleinen Durchmesser in diesem Bereich. Schmal und fast zerbrechlich sieht sie aus, diese Röhre, die Kopf und Körper miteinander verbindet. Kein Wunder also, dass dieser Bereich so fragil ist, wir leicht Halsschmerzen bekommen und auch bei psychischer Verstimmtheit und Stress zuallererst die Kehle rau wird. Hat Mutter Natur hier vielleicht geschlampt und war zu sparsam, wo sie uns doch ruhig mit einem stabileren Durchgang hätte versorgen können? Oder war diese offensichtliche Verengung Absicht, damit wir uns an dieser Stelle mit Bedacht damit beschäftigen, was wir durch diesen Kanal hinaus- und hineinlassen?

Was lasse ich passieren, also „durch" und was schlucke ich lieber wieder herunter, bevor es hörbar wird? Einer Stimme hört man mit etwas Übung genau an, ob sie frei schwingt oder ob sich ihr Besitzer zurück hält. Zurückhaltung kann man ja aus Taktik und Anstand ruhig einmal üben. Manchmal sollte man es sogar. Doch wer ständig etwas zurückhält, einerlei ob es Unwohlsein oder Wohlsein entspringt, der bekommt – zumindest im übertragenen Sinne – einen „dicken Hals": Es staut sich etwas an dieser wesentlichen empfindsamen Stelle.

Eine Entschlackung, mit der dieser sensible Kanal wieder frei wird, kann auf verschiedenen Ebenen ansetzen und entsprechend wohltun. Sie benötigen dazu keine Mittel aus der

Apotheke. Etwas ist jedoch unentbehrlich: Ehrlichkeit und Courage.

Wenn wir uns von jemandem verabschieden, der uns wichtig ist, spüren wir in diesem Moment besonders deutlich, wie kostbar die Präsenz dieser Person ist. Endlich kommen uns die Dinge über die Lippen, die wir schon die ganze Zeit sagen wollten, ohne uns zu trauen. Im Moment des Abschieds spüren wir so etwas wie „jetzt oder nie". Das gibt uns den Mut, uns auch mit besonders intimen Gefühlen zu öffnen und unangenehme Nachrichten oder etwas, das verletzlich macht, mitzuteilen.

Doch wir müssen nicht auf diesen letzten Moment warten, schon gar nicht bis zum allerletzten. Das Leben kann so viel reichhaltiger und intensiver sein, wenn wir das, was uns am Herzen liegt ist, regelmäßig in die Kommunikation mit wichtigen Menschen einbringen statt es für uns zu behalten. Natürlich gehört ein gutes Gespür dazu, ob der Moment auch für unser Gegenüber der richtige ist. Doch wie oft lassen wir im Ansatz geeignete Gelegenheiten verstreichen, weil sie uns noch nicht perfekt genug erscheinen. Der wirklich „perfekte Moment" entsteht aber nicht allein von außen, sondern geht mit einem inneren Entschluss einher. Für etwas Wichtiges sollten wir ganz bewusst Raum schaffen – alles andere wird sich drumherum ordnen.

Wenn wir uns nicht aussprechen, hat das nachweislich auch eine Wirkung auf unsere stimmliche Kraft und unseren Stimmklang. Diese Wirkung kann subtil sein, die Stimme kann leicht belegt klingen und uns selbst fremd erscheinen. In extremen Fällen kann das Zurückhalten bis zum Stimmverlust führen, wie etwa bei der Schauspielerin Katharina Schüttler. In einem Interview mit dem Magazin „Die Zeit" vom März 2013 berichtete sie, wie ihr während eines Theaterfestivals und parallel laufender anspruchsvoller Proben die Stimme komplett versagte. Ihre Fähigkeit zu sprechen kehrte erst wieder zurück, als sie wesentliche Lebensthemen geklärt und sich von ihrem damaligen Partner getrennt hatte.

Mal ehrlich: Wem haben Sie in der letzten Woche etwas nicht mitgeteilt, obwohl Sie es gern gesagt hätten? Und wie war es im letzten Monat? Im letzten Viertel- oder Halbjahr? Es kann etwas sein, das Sie beeindruckt oder gestört hat. In diesem Fall kann es sinnvoll sein, Ihre Mitteilung in einen Wunsch umzuwandeln. Oder gab es etwas, das Sie erfreut hat? Etwa Anerkennung, die Sie nicht ausgedrückt haben? Gibt es ein Thema, das Ihnen mit einer wichtigen Person in Ihrem Leben vielleicht schon lange am Herzen liegt?

Wie wäre es, das jetzt – SOFORT – nachzuholen? Jetzt endlich zu handeln, statt weiter zu lesen? Per Mail oder Telefon? Oder an eine Tür anzuklopfen? Hey, Sie lesen ja noch ..., also auf zur Tat! Für längere Gespräche können Sie zumindest jetzt einen Termin absprechen. Ja, JETZT!

Es ist nie zu spät. So zeigen zum Beispiel auch Entschuldigungen, selbst wenn sie Wochen später kommen, dass Sie sich mit einer Sache beschäftigt und sie innerlich verarbeitet haben. Wenn Sie bereit sind, sich zu einem Thema auch ohne konkrete Vorstellungen zu öffnen und wenn der andere aufmerksam und ohne zu bewerten zuhört, können Sie durch das Sprechen viel über sich erfahren. Und vielleicht teilt Ihnen der andere ebenfalls etwas von sich mit, auf das Sie nie gekommen wären. Meine Erfahrung ist: Ehrlichkeit macht das Leben spannend, es kann aufregend sein wie in einem Film. Und Sie spielen die Hauptrolle darin!

Wichtiges aussprechen: Den Kanal frei machen

Um dieser Einladung zu folgen brauchen Sie innere Entschlossenheit. Doch Sie werden sehen, es lohnt sich. Wenn sich Nebel lüften und Sie genau wissen, woran Sie sind, haben Sie die beste Orientierung für Ihre nächsten Schritte. Experimentieren Sie in den kommenden 14 Tagen damit, Wesentliches, gegenüber den Menschen in Ihrem nahen Umfeld auszusprechen. Themen, die Sie schon lange klären wollten. Den Kanal frei machen – das ist eine Erfahrung, die nur über das Tun entsteht! ○

Es gibt eine ritualisierte Gesprächsform, die „Diade", bei der jeder der Gesprächspartner ein Zeitfenster von einigen Minuten bekommt, um sich auszudrücken, während der andere ausschließlich aufmerksam zuhört. Sie können diese oder andere Gesprächsformen wie Co-Counselling oder gewaltfreie Kommunikation nutzen, um sich jenseits der alltäglichen Geschäftigkeit intensiv mit wichtigen Menschen Ihrem Leben auszutauschen.

Noch was ...

Der Refrain in dem Lied „Soy pan, soy paz" (auf deutsch: „Ich bin Brot, ich bin Frieden") beschreibt anschaulich, wie befreiend, ja heilsam es ist, seine Gefühle, Sorgen und Ängste auszudrücken und alles mitzuteilen, was einem am Herzen liegt. Hier eine freie Übersetzung des Liedes, das von „Piero" geschrieben und unter anderem von der argentinischen Sängerin Mercedes Sosa gesungen wurde:

Komm, sag mir, erzähl mir,
alles, was gerade in dir passiert.
Denn wenn du es nicht erzählst,
weint deine Seele, weil sie allein ist.
Es ist gut, das alles rauszuwerfen,
wie im Frühling.
Niemand möchte,
das im Inneren etwas stirbt.
Sprechen, während man sich in die Augen schaut.
Das, was man kann, nach draußen bringen
Damit im Inneren Neues geboren wird.

Im spanischen Original:

Vamos, decíme, contáme
Todo lo que a vos te está pasando ahora
Porque si no, cuando está tu alma sola llora
Hay que sacarlo todo afuera, como la primavera
Nadie quiere que adentro algo se muera
Hablar mirándose a los ojos
Sacar lo que se pueda afuera
Para que adentro nazcan cosas nuevas.

Ach ja: Wen wollten Sie jetzt gleich anrufen? Es gibt ein Experiment mit sich selbst, bei dem man sich vorstellt, dass man nur noch 100 Tage zu leben hätte. Welche Gespräche wären Ihnen wichtig, wenn Sie nur noch so wenig Zeit hätten? Führen Sie sie!

19 Impuls Nr. 19 Putzmittel für Hals und Rachen

Im letzten Impuls ging es darum, wie wichtig es ist, sich auszusprechen, Altes und Belastendes loszulassen, um „den Kanal" frei zu machen für Spontanes und Neues. Damit Sie ganz präsent sein können. Als Ergänzung gibt es nun praktische Tipps zur Pflege von Hals und Rachen, also Unterstützung für die körperliche Ebene – und eine kleine Erinnerung.

Der Halskanal ist eine enge Stelle unseres Körpers, an der sich lebenswichtige Versorgungskanäle konzentrieren: die Halsschlagader, wichtige Nervenbahnen wie der Nervus Vagus, die Luftröhre und die Speiseröhre. Sieben Halswirbelkörper stützen dieses fragile und so bewegliche Gebilde. Es ist der Körperteil, auf den es früher Feinde abgesehen hatten, wenn sie uns nach dem Leben trachteten. Im Web-Lexikon Wikipedia wird der Hals auch heute noch als „gefährdete Engstelle" bezeichnet. In unserem Zeitalter sind es glücklicherweise nur sehr selten äußere Feinde, wir haben es vielmehr mit Viren und Bakterien zu tun, die uns mit Halsschmerzen das Leben schwer machen. Mit seinem Speichel tut unser Körper sein Bestes, um Mund und Rachen von diesen Eindringlingen zu befreien. Er schwemmt sie in die Speiseröhre, wo sie durch die Magensäure unschädlich gemacht werden.

Nicht nur der antiseptische Speichel ist für unsere Gesundheit aktiv. Auch über die Schleimhäute in Mund und Rachen entgiftet sich der Körper, vor allem nachts im Schlaf. Unser körperliches System verfügt über äußerst clevere und wirksame Mechanismen, um sich selbst zu schützen. In den meisten Fällen reicht das aus, und wir merken nicht mal etwas von dieser effektiven Abwehrarbeit. Doch manchmal, wenn uns alles zu viel wird und wir großen psychischen Belastungen ausgesetzt sind, kommt der Körper mit seiner Aufräumarbeit nicht mehr hinterher. In diesem Fall ist es angebracht, dass wir von außen nachhelfen: Wir haben den Hals einfach zu voll!

Hier stelle ich Ihnen zwei Methoden vor, die auf natürlicher Basis funktionieren. Eine Reinigung, um gleich morgens nach dem Aufstehen den Rachenraum zu klären. Und eine Spülung für die Desinfektion bei den ersten Anzeichen von Halskratzen:

Ölziehen

Unsere Haut und ganz besonders auch die Mundschleimhaut sind wichtige Entgiftungsorgane. Mit dem Ölziehen reinigen Sie durch das Gurgeln Ihren gesamten Mundraum, während Sie mit der Zahnbürste nur die Zähne erreichen. Das Ölziehen kann das ganze Jahr hindurch als wirksame Ergänzung zur Mundpflege eingesetzt werden. Nehmen Sie einen Esslöffel kaltgepresstes Bio-Speiseöl in den Mund und gurgeln und spülen Sie intensiv damit. Angenehm vom Geschmack ist zum Beispiel Sonnenblumenöl. Ziehen Sie das Öl auch durch die Zahnzwischenräume. Es ist wichtig, dass Sie kaltgepresstes Öl verwenden, denn nur offene Molekül-Enden können die Schadstoffe aus der Mundschleimhaut an sich binden. Nach etwa zehn Minuten hat das Öl eine dickflüssige Konsistenz und Sie können es ausspucken. Spülen Sie direkt mit warmem Wasser nach und putzen Sie sich die Zähne. Diese Behandlung ist auch als regelmäßige Pflege bei Zahn- oder Zahnfleischentzündungen und bei Parodontose zu empfehlen.

Gurgeln mit Salzwasser

Wenn Hals- und Rachenraum bereits leicht entzündet sind, wirkt das Spülen mit Salzwasser desinfizierend und unterstützt die Heilung. Man löst dazu einen Teelöffel Meer- oder Himalaya-Salz in kochendem Wasser auf, lässt die Sole auf Trinktemperatur abkühlen und gurgelt damit mehrmals täglich für einige Minuten. Lassen Sie das Salzwasser im Rachenbereich ruhig etwas nachwirken und spülen Sie nicht sofort aus, auch wenn der intensive Salzgeschmack etwas unangenehm ist. Wie bei den meisten naturheilkundlichen Methoden setzt die Wirkung des Salzes nicht sofort ein, sondern erst nach konsequentem Wiederholen.

Hals- und Lutschbonbons

Wenn Sie zuckerfreie Lutschbonbons bevorzugen, um die Zähne zu schonen, achten Sie auf aspertamfreie Produkte, die andere Zuckeraustauschstoffe, wie etwa Sorbitol enthalten. Eine Auswahl verschiedener Bonbons, die weder Zucker noch Aspartam enthalten, sind zum Beispiel in Bioläden erhältlich. Aspartam (E951) wirkt unter anderem als Nervengift und ist in den letzten Jahren in Verruf geraten. Trotzdem wird es noch in vielen „Light"-Produkten, in Bonbons und zuckerfreien Kaugummis verwendet.

Sind Sie auch manchmal „geknickt"?

Zum Schluss möchte ich Sie noch einmal an die Körperhaltung erinnern. Auch sie wirkt sich auf die Belastung von Hals und Kehlkopf aus. Besonders, wenn Sie täglich viele Stunden Sprech- und Redezeit zu bewältigen haben.

Der Knick, der Ihnen nicht gut tut, sitzt an der im wahrsten Sinne des Wortes „bestimmenden" Stelle des Körpers: im Halsbereich. Wer über längere Zeit sitzend oder stehend mit gekrümmten Rücken verbringt, also einen Buckel macht, muss sich notgedrungen in der Halsregion wieder aufrichten um horizontal nach vorn schauen zu können. Dadurch spannt sich der vordere Teil der Halsmuskulatur an, was sich auch auf den Kehlkopf auswirkt. Zum einen leidet der

Stimmklang unter diesem Druck und außerdem wird man durch diese zusätzliche Belastung an langen Sprechtagen schneller heiser.

Für alle, die viel sitzen, ist es deshalb wichtig, regelmäßig ein paar Minuten Gymnastik einzubauen:

Kleine Übungsfolge für Schreibtischtäter

Strecken Sie Ihre Schultern und Arme nach oben und nach hinten, richten Sie den Kopf auf als würden Sie eine Krone tragen, ziehen Sie den Hinterkopf nach oben, machen Sie Hals und Nacken lang. Auch einige Male Schulterkreisen nach hinten und sanftes Kopfkreisen in beide Richtungen bringt überdehnten Muskelpartien von Hals und Nacken Linderung. Oft fühlen sich solche Bewegungen zuerst unangenehm an, weil wir die Spannungen dadurch erstmal richtig deutlich wahrnehmen. Gehen Sie über diese Schwelle hinweg – es wird besser! Und Sie geben durch diese kurzen Dehnungsphasen chronischen Haltungsschäden erst gar keine Chance. ○

Machen Sie regelmäßig Bewegungspausen, wenn Sie viel am Computer arbeiten. Auch wenn Sie zwischendurch aufstehen arbeitet das Gehirn weiter und wir kommen oft sogar auf bessere Ideen als beim langen Sitzen.
Wenn Ihnen eine aufrechte Körperhaltung beim Sitzen und zwischendurch im Alltag zur Gewohnheit geworden ist, wird es leicht auch bei Vorträgen und Präsentationen aufrecht zu stehen und den Körper beim Sprechen bewußt einzubeziehen.

Noch was …

Wenn Sie akute Halsschmerzen haben, greifen Sie ruhig mal zu zuckerhaltigen Halsbonbons. Der Rat eines Apothekers: Die heilenden Wirkstoffe von Salbei- oder anderen Kräuterauszügen bleiben durch die Klebkraft des Zuckers bedeutend besser an den Mandeln und anderen Stellen des Rachens haften und können erst so ihre Wirkung entfalten.

Kapitel VII
Worte und Werte verbinden

Falls Sie sich irgendwann in Ihrem Leben den Spruch „Eigenlob stinkt" eingeprägt haben: Vergessen Sie ihn ganz schnell wieder! Es ist außerordentlich wichtig, dass wir uns die Anerkennung geben, die wir brauchen, um unseren Tätigkeiten mit Freude nachzugehen. Und das nicht nur einmal, sondern immer wieder. Menschen, die nicht gelernt haben, mit sich selbst wertschätzend und liebevoll umzugehen, können in der Rolle als Partner, Eltern oder Kinder, als Kollegen und Vorgesetzte auch anderen keine Anerkennung entgegenbringen. Dabei wirkt Wertschätzung – sowohl in Beziehungen als auch in Arbeitsprozessen – wie Schmierstoff: Alles geht leichter und macht mehr Freude.

Auch beim Erlernen neuer Fähigkeiten ist es wichtig, die dabei auftretenden Blockaden und Phasen von scheinbarem Stillstand mit einer wohlwollenden Haltung sich selbst gegenüber zu meistern. Stimme zeigt sich für diese Haltung zu uns selbst sehr empfänglich und bietet deshalb eine ehrliche Orientierung: Sie lehrt uns, dass es mit einem gewissen Maß an Gelassenheit und einem inneren Lächeln leichter geht.

20 Impuls Nr. 20
Sich und andere wertschätzen

Statt einleitender Worte möchte ich Ihnen hier gleich folgende Frage stellen: Wann haben Sie sich das letzte Mal selbst gelobt für etwas, das Ihnen gut gelungen ist? Oder für eine Sache, bei der Sie sich, auch unabhängig vom Ergebnis, sehr eingesetzt haben?

Sich selber wertschätzen

Halten Sie einen Moment inne und notieren Sie mindesten drei Eigenschaften, die Sie an sich schätzen und anerkennen. Es dürfen auch gern mehr als drei sein. ○

Haben Sie etwas gefunden? Vielleicht sogar mehr als eine Eigenschaft? Anfangs ist es manchmal schwer, etwas ausgesprochen Lobenswertes an sich selbst auszumachen. Doch wenn der Wertschätzungs-Kanal erst geöffnet ist, wird es immer leichter Eigenschaften oder Aktivitäten zu finden, für die Sie sich selbst wertschätzen können. Warum ist das so wichtig? Wie wir mit uns selbst sprechen kann uns entweder ständig Energie rauben oder uns motivierend durch die Anforderungen des Tages begleiten. Mit Abmahnungen, Ver- und Beurteilungen nehmen wir uns den Wind aus den Segeln und lähmen unseren Antrieb, während eine ermutigende innere Stimme uns selbst in schwierigsten Situationen Kraft gibt. Unser innerer Dialog bestimmt auch die Qualität unserer Kommunikation mit anderen und verleiht ihr sowohl im Stimmklang als auch in der Wortwahl einen bestimmten Unterton. Das heißt, die Wertschätzung, die Sie sich selbst zukommen lassen, tut nicht nur Ihnen gut: Sie führt dazu, dass Sie auch andere Menschen wertschätzen und anerkennen zu können. Das, was in Ihnen beginnt, breitet sich nach außen aus – wie ein Stein, der ins Wasser fällt und Kreise zieht.

Ihnen fällt es schwer, sich selbst wertzuschätzen? Dann können Sie damit beginnen, erst einmal wahrzunehmen, was Sie in Ihrer Umgebung schön finden und mögen, was Ihnen ein gutes Gefühl gibt. Das ist für den Anfang oft leichter, als mit sich selbst anzufangen. Hier einige Anregungen:

Sie können …

- Natur wertschätzen: Vielleicht die Sonne, die auf Ihr Fensterbrett fällt; eine kleine Blume, die die Kraft hat zwischen den Pflastersteinen zu wachsen; den Baum vor Ihrem Fenster, dessen Blätter im Wind tanzen. Selbstverständlich können Sie auch Tiere und ihre Fähigkeiten wertschätzen: Ein Eichhörnchen, das flink den Baum hinaufrast; den eleganten Galopp kraftstrotzender Pferde; den stimmungsaufhellenden Gesang einer Amsel.

- Gegenstände wertschätzen: Das neue Kleid; Möbel, die Sie selbst gebaut oder ausgesucht haben. Das neue Auto, das nicht einmal Ihr eigenes sein muss (Hauptsache, es gefällt) oder die schicken Schuhe im Schaufenster.

- Situationen wertschätzen: „Kaum zu glauben, jetzt habe ich den Bus doch noch erwischt, obwohl ich so knapp dran war“ oder „Wie nett, dass der Autofahrer mich in die Spur gelassen hat“. Manchmal sind es kleine Dinge, die den Unterschied machen – wenn man sie wahrnimmt und wertschätzt.

Wertschätzung für Äußeres trainieren

Finden Sie spontan drei Dinge in Ihrer unmittelbaren Umgebung, deren Schönheit – oder Nützlichkeit, Kraft oder Einmaligkeit – Sie erkennen. Nehmen Sie sich Zeit jeden dieser Gegenstände eine Weile zu betrachten und zu reflektieren auf welche Weise er Ihnen wertvoll erscheint. ○

Nach diesen ersten Anregungen und der Übung für Ihren Wertschätzungs-Muskel können Sie sich in die nächste fortgeschrittene Stufe aufschwingen: Finden Sie heraus, was Sie an sich selbst mögen.

Sie können …

- Ihren Körper und Ihre Sinne wertschätzen: Die von der Sonne gebleichten Haare auf Ihrer gebräunten Sommerhaut; die Form Ihrer Schultern; Ihre zierlichen Ohren; Ihre schmalen Knöchel; wie gut Sie riechen, schmecken, hören, sehen oder fühlen können.

- Tätigkeiten und Leistungen wertschätzen: Zum Beispiel wie schnell Sie die Treppe hoch laufen, anstatt den Aufzug zu nehmen; dass Sie es schaffen, einfach mal früher als sonst aufzustehen, um zu joggen; wie Sie das Konzept schon einen Tag früher fertig haben oder gelassen bleiben, wenn die Zeit am Ende doch knapp wird oder wie Ihnen gelingt, weil sie es nicht nach der Terminvorgabe zu schaffen, noch einen Tag Verlängerung zu bekommen. – Sie sehen Vieles kann der Anlass für Wertschätzung sein – es kommt vor allem auf den Blickwinkel an.

- Ihre Qualitäten und Fähigkeiten wertschätzen: Wie Sie geduldig bleiben, wo andere schon längst mit den Augen rollen würden; wie Sie es schaffen, Ihre Kinder durch einen spielerischen Trick zum schnellen Insbettgehen zu bewegen; wie Sie sich erinnern, in welchem Ordner die wichtigen Unterlagen abgelegt sind, die Ihr Kollege oder Chef schon so lange gesucht hat.

Sicher sind das erstmal genug Anregungen, für die Sie sich gern etwas Zeit nehmen können.

Kleines Wertschätzungsprogramm für sich selbst

Nehmen Sie sich regelmäßig Zeit sich selber wertschätzend wahrzunehmen. Das funktioniert gut, wenn Sie es mit bestimmten täglichen Ritualen verknüpfen. Zum Beispiel während Sie den Tag vor dem Einschlafen noch mal durchgehen, wenn Sie abends Ihr Büro abschließen oder wenn Sie sich vor dem Zubettgehen die Zähne putzen. Finden Sie während Ihr Körper beschäftigt ist und ihre Aufmerksamkeit frei umherschweifen kann, drei Fähigkeiten oder wertvolle Eigenschaften, die Sie an sich selber mögen.
Wenn Sie die Stichworte im Kopf haben, schreiben Sie später den ganzen Satz dazu auf. Dadurch haben Sie bald eine kleine Sammlung dieser Sätze, die Sie in schwierigen Zeiten aufmuntern kann.
Bitten Sie zur Unterstützung auch Freunde, Familienmitglieder, Kollegen und Bekannte darum Ihnen mitzuteilen, was sie an Ihnen schätzen. ○

Wenn Sie trainiert haben, „Gutes, Schönes und Wertvolles“ zuerst außen und dann auch an und in sich selbst zu erkennen, haben Sie einen wichtigen Schritt getan, um auch anderen Ihre Wertschätzung entgegenzubringen. Das kann Situationen völlig verändern. Wertschätzung auszudrücken ist oft der erste Schritt beim Flirten und überhaupt beim Kennenlernen anderer Menschen. Und sowohl in der Erziehung als auch in der Mitarbeiterführung ist es ein leichterer Weg zu einem erfüllenden Miteinander, das Positive zu sehen als ständig die Fehler des anderen zu bemängeln.
Es ist, was an vielen Orten gebraucht wird: Menschen wollen gesehen und geschätzt werden für das, was sie sind und für das, was sie tun.

Wertschätzen verändert die Stimmung. Wir erschaffen damit die Atmosphäre, die wir selbst erleben. Der erste Schritt dazu: Das, was wertgeschätzt werden kann, überhaupt erst mal wahrzunehmen. Der zweite Schritt: Es im passenden Moment auszusprechen.

Bereits das bewusste wohlwollende Wahrnehmen hat eine Wirkung auf Menschen. Wir spüren instinktiv, mit welcher inneren Haltung uns jemand betrachtet. In sensiblen Momenten kann uns diese Perspektive des anderen entweder dazu beflügeln, die Tür zu unserem Potential zu öffnen oder uns massiv daran hindern, den Zugang zur eigenen Kraft und unseren Fähigkeiten zu finden. Hierzu gibt es etliche Beispiele aus wissenschaftlichen Studien und in der Literatur. Erinnern Sie sich an „Momo“ in Michael Endes Jugendroman? Sie konnte so gut zuhören, dass die Menschen, die sie in dem alten Amphitheater besuchten, beim Reden ganz von selbst zu erstaunlichen Antworten auf Ihre eigenen Fragen kamen.

Eine Trainerin für Führungskräfte erzählte einmal, wie ihre Klienten im Coaching die Aufgabe erhielten, täglich an einer bestimmten Anzahl Mitarbeiter positive Dinge wahrzunehmen und diese Beobachtungen, ohne es den Mitarbeitern zu sagen, in ein Notizbuch zu schreiben. Das hatte nicht nur die Wirkung, dass sich die Führungskräfte dazu häufig im Mitarbeiterbereich zeigten und dadurch Interesse an ihnen signalisierten. Sondern die Mitarbeiter spürten auch die wohlwollende Blickrichtung, mit der sie von ihrem Chef wahrgenommen wurden. Diese positiv ausgerichtete Aufmerksamkeit verbesserte das Betriebsklima auffallend. Nach anfänglichem Widerstand gefiel manchen Führungskräften diese Aufgabe so sehr, dass sie nach Ende des Coachings ihre wertschätzenden Beobachtungsrunden fortsetzten.

Zuhörer wertschätzen

Wenn Sie das nächste Mal vor einem Vortrag Ihr Publikum anschauen, gehen Sie doch mal bewusst in eine wertschätzende Haltung: Was fällt Ihnen Angenehmes zu den Menschen ein, die Ihnen gleich zuhören werden? Es kann abstrakt oder offensichtlich sein: Auf jeden Fall aber etwas, das Sie an diesen Menschen wertschätzen. Sie brauchen es nicht einmal auszusprechen, wenn es nicht passend ist; denken Sie es nur. Und unabhängig von welchem Thema Ihr Vortrag oder Ihre Präsentation handelt: Sprechen Sie aus dieser Haltung heraus. ○

Können Sie sich vorstellen, dass bereits Ihre innere Haltung Ihre Art zu sprechen verändert? Probieren Sie es aus!

Im Alltag gibt es vielfältige Möglichkeiten Positives an anderen zu entdecken. Sicherlich haben Sie inzwischen genügend Anregungen bekommen, um Ihrer eigenen Wahrnehmung und Ihrer Intuition zu folgen. Vielleicht haben Sie viele Dinge mit Wertschätzungspotential schon eine ganze Weile zuvor wahrgenommen. Der entscheidende Schritt ist sie jetzt auch auszusprechen. Dabei sollte ein wichtiges Prinzip sein, dass Sie das, was Sie sagen, ehrlich meinen und dass es von Herzen kommt. Wenn Sie es als „Technik" einsetzen, um andere zu manipulieren oder etwas zu bekommen, was sie sonst nicht bekommen würden, ist die Wirkung eine andere. Vermutlich werden Sie sogar schnell durchschaut. Das heißt nicht, dass Sie mit einer wertschätzenden Haltung nicht experimentieren dürfen. Aber Sie sollten das, was Sie sagen, auch wirklich im anderen sehen – und sei es anfänglich noch so klein.

Vielleicht fragen Sie sich, was das Thema Wertschätzung mit Stimme zu tun hat.
Nach meiner Erfahrung: sehr viel. Es reicht nicht aus, nur deshalb „schön“ oder „gut artikuliert“ zu sprechen, weil wir uns vornehmen so „schön“ oder „gut artikuliert“ zu sprechen. Damit würden wir nur an der Oberfläche kratzen. Stimme ist kein vom Rest unseres Wesens getrenntes Instrument, das wir nach Belieben ohne Nebenwirkungen hoch oder herunter pegeln können. Das, was wir wahrnehmen und was wir dabei innerlich empfinden, bestimmt auch wie wir etwas sagen. Und wie wir etwas sagen, verstärkt wiederum die Wahrnehmung, es so zu sehen. Vermutlich verhält es sich mit dem „Wie“ und mit dem „Was“ ähnlich wie mit der Henne und dem Ei. Man könnte lange darüber diskutieren, was die Kommunikation mehr beeinflusst, ohne zu einem befriedigenden Ergebnis zu gelangen. Die These, auf die ich immer wieder zurückkomme, lautet: Stimme entsteht aus einem Zustand heraus.

Dieser Zustand hat viel mit Bewusstheit zu tun. Mit bewussten Antworten auf die Frage, was wir durch unser Sprechen in die Welt tragen möchten. Das beeinflusst sowohl unsere Wortwahl als auch den Umgang mit unserem Stimmklang. Es beeinflusst die Art unserer Wahrnehmung und die Schlüsse, die wir daraus ziehen. Es beeinflusst unsere Körperspannung und die Richtung, in die sich unsere Mundwinkel bewegen.

Schließlich steckt hinter dem Blick, mit dem wir auf die Welt schauen, die existentielle Frage: Wie möchten wir leben? Mentale Klarheit ist eine wichtige Grundlage für klare und wirkungsvolle Kommunikation. Wer weiß, wo er steht, wo er hin möchte und auf welche Art, braucht nicht mehr über jedes Detail nachzudenken. Die einzelnen Schritte und die einzelnen Worte bis hin zur Art wie wir reden, ergeben sich sehr viel leichter, wenn wir das ganze Bild vor Augen haben.

Ihre Grundhaltung klären

In welcher Stimmung möchten Sie leben und kommunizieren? Was ist „stimmig" für Sie? Weil Sie diese Frage nur beantworten können, wenn Sie in sich gehen, möchte ich Sie anregen, sich dazu etwas Zeit zu nehmen und Ihre eigenen Antworten festzuhalten: Nehmen Sie ein leeres Blatt oder ein Heft zur Hand und schreiben Sie auf, mit welcher inneren Haltung Sie sich und anderen begegnen möchten.

Hinweise und Anhaltspunkte für Ihre eigenen Werte finden Sie in Ihrer spontanen Reaktion auf äußere Ereignisse. Auch Menschen und Orte, die Sie besonders stark anziehen oder abstoßen geben Hinweise zu Ihrer Einstellung.
Welche Menschen, die Ihnen begegnen, über die Sie Filme sehen, die Sie als Redner oder Akteure erleben, berühren Sie zutiefst? Für was stehen sie? Mit sehr großer Wahrscheinlichkeit sind die Eigenschaften und Werte dieser Personen auch für Sie selbst wesentlich und erstrebenswert.
Was ist Ihre Haltung in Bezug auf einzelne Themen der aktuellen Nachrichten? Wie würden Sie entscheiden, was würden Sie verändern, wenn Sie Regierungsoberhaupt wären? Halten Sie doch aus Spaß mal eine kleine Rede zu einem Thema, das in positivem oder negativem Sinne Ihre Emotionen hoch kochen lässt.

Mit was für Menschen umgeben Sie sich gern?
Was sind deren Eigenschaften? ○

Noch was …

Jemandem beizubringen lauter oder leiser zu sprechen oder deutlicher zu artikulieren ist nicht wesentlich. Wesentlich ist Spaß zu haben, an dem, was man tut.

Jean Rene Touissaint, Theaterregisseur und Stimmtrainer

21 Impuls Nr. 21 Die Stimme als Coach

„Wenn Du einen Velher machst, faiere ein Fest“
stand auf einem Aufkleber, den ich von dem Musiker Shantiprem bekommen hatte. Als Unterstützung für den beschwichtigenden Dialog mit meinem perfektionistischen Charakter bewahrte ich diesen Aufkleber so lange auf, bis seine Oberfläche dermaßen abgerieben war, dass man einzelne Buchstaben der Schrift nur noch erahnen konnte. So lange, dass ich mich auch heute noch, mehr als ein Jahrzehnt später, gut an den Spruch erinnere.

Fehler machen wir immer wieder. Sie gehören zum Lernen wie das Gelbe zum Ei. Wenn man mit der Stimme seine Grenzen erweitern möchte, ist eine Haltung förderlich, die Fehler nicht nur akzeptiert, sondern sie als Anregung zum tiefer gehenden Begreifen und zur Weiterentwicklung willkommen heißt. Über die Stimme kann man sogar ganz neu erfahren, wie Lernen und Lernprozesse funktionieren. Denn Stimme ist ein ganzheitliches Phänomen: Eine Steuerung, die rein vom Denken ausgeht und Fehler von vorn herein vermeiden möchte, wirkt auf den gesamten Prozess des Stimmtrainings kontraproduktiv.

Die übliche Lernhaltung

Den meisten von uns wurde früh eingetrichtert, dass wir gute und wertvolle Menschen sind, wenn wir alles richtig machen. „Es richtig machen“ verbinden wir spätestens seit der Schulzeit mit Aktion, mit aktivem Tun, mit Anstrengung. Wir haben es jahrelang trainiert und übertragen diese Haltung nun unbewusst auch auf andere Situationen, in denen wir Neues lernen.
Stellen wir uns eine Stimmtrainingsstunde vor: Kurz bevor die Übung beginnt, geht der Übende – um alles besonders

„gut“ zu machen – in eine Art Bereitschaftshaltung, in der sich mehrere Regionen des Körpers leicht anspannen, ohne dass es ihm bewusst wird. Doch wenn wir angespannt oder ängstlich sind, wird das sympathische Nervensystem aktiv, das für Aktivität und Leistung zuständig ist. Die Folge: Der Adrenalinspiegel steigt, die Atmung wird flacher. Starke Angst und Stress können sogar ein bedrohliches Gefühl der Enge hervorrufen oder die Empfindung als hätte man einen Fremdkörper im Hals, den man auch durch Schlucken nicht los wird. Noch größere Aufregung kann schließlich zu Halskratzen, Brennen, Trockenheits- oder Schleimgefühl, Räusperzwang und Halsschmerzen führen – oder im Extremfall zu Angst machendem Erstickungsgefühl.

Es ist offensichtlich, dass uns in diesen Zuständen nicht nach Ausdruck zumute ist, sondern danach zu flüchten, zu kämpfen oder uns unsichtbar zu machen. Beim flachen Atmen, also einer reinen Brustatmung, die in Angstsituationen einsetzt, bleibt die Stimmritze zwischen den Stimmbändern geschlossen und die Stimme wird in ihrer Funktion beeinträchtigt. Wenn wir in dieser Situation versuchen, trotzdem Stimmlaute von uns geben, kämpfen wir gegen einen Widerstand in unserer Kehle an. Der erhöhte Atemdruck und ein Pressen gegen die Stimmbänder führen leicht zu Heiserkeit. Stimmausdruck hat nichts mit dem ursprünglicheren Überlebensmodus zu tun, sondern ist eine später erworbene kulturelle Fähigkeit. Wenn wir in beängstigenden Situationen in einen Überlebensmodus zurückfallen, ist uns nicht nach klangvollem Singen zumute. Es ist uns auch physisch kaum möglich.

Eine neue Haltung entwickeln

Die eben beschriebene Haltung, alles richtig machen zu wollen, beziehungsweise Angst vor Fehlern zu haben, ist demnach für Stimmtrainingssituationen völlig ungeeignet.

Doch auch auf andere Lernsituationen bezogen lässt sich folgern, dass wir in diesem Zustand nicht unser volles Potential und unsere Kreativität entfalten können.

Für Lernprozesse mit der Stimme sind förderlich

- Konzentration und Gelassenheit: Zum einen zwar konzentriert, aber gleichzeitig so gelassen, also auch in der Atmung losgelassen zu sein, wie möglich. Denn durch die tiefe Atmung wird zum einen das Gehirn mit ausreichend Sauerstoff versorgt, was für Denkprozesse nicht unwichtig ist. Außerdem öffnet sich dabei die Stimmritze und die Stimmlippen können leicht schwingen.

- Neugier: Neugierig sein und zwar wörtlich genommen. „Gierig auf Neues". Das heißt, statt in „richtig" oder „falsch" einzuteilen, unvoreingenommen zu untersuchen: „Was passiert, wenn ...?" Wenn ich mich mehr aufrichte, meinen Mund weiter öffne, wenn ich meinen Kiefer anspanne. Wie wirkt sich das auf die Stimme aus? Wie klingt sie und was möchte ich erreichen? Wenn ich verschiedene Möglichkeiten ausprobiert habe, kann ich aus dem erweiterten Repertoire der möglichen Verhaltensweisen auswählen, was mich meinem (Stimm-)Ziel näher bringt.

- Wertschätzung: Mit einer bestärkenden inneren Stimme zu arbeiten, die nicht be- oder abwertet, auch wenn wir bemerken, dass wir uns „unstimmig" verhalten. Denn dabei haben wir es meist mit alten Mustern zu tun. Bereits das Bemerken dieser Muster ist wichtig. Dadurch, dass uns etwas bewusst wird, können wir ein anderes Verhalten trainieren. Sie können sich zum Beispiel innerlich sagen: „Gut, dass ich bemerke, dass ich gerade wieder meine

Schultern anspanne." Mit dieser Sensibilisierung werden Sie Ihr Verhalten jedes Mal ein wenig früher bemerken, bis Sie die Anspannung bereits im Moment des Entstehens spüren und sie bereits in diesen Anfängen loslassen können. Jedes innere Bestrafen führt dagegen zu mehr Anspannung und lenkt in eine ungünstige Richtung. Sein Sie freundlich zu sich – dann wird es leichter!

- Freude an der Sache: Wenn Sie mit einem freudigen Gefühl trainieren, bringen sich die Muskeln im Vokaltrakt wie von selbst in eine optimale Stellung für die Stimmgebung. In diesem Zustand steht Ihnen genug Energie zur Verfügung – auch für die hohen Töne, die besonders viel davon brauchen.

Stimmtraining beruht darauf, dass wir mentale, emotionale und körperliche Prozesse koordinieren. Die Einstellung, die wir beim Entwickeln der Stimme kennenlernen, zeigt uns deshalb, wie wir auf eine neue Weise lernen können: In einem Prozess, in dem Körper, Gefühl und Verstand aufs Feinste aufeinander abgestimmt sind und ohne Reibungsverluste miteinander zusammenarbeiten.

Ihren inneren Lehrer einstellen

Lernen Sie gerade etwas Neues? Egal, was es ist – eine neue Sportart, ein Instrument, eine Sprache, ein Computerprogramm, eine innerlich oder äußerlich neue Haltung:

- Werden Sie aufmerksam dafür, wie Sie in dieser Situation mit sich umgehen. Wie spricht Ihr innerer Beobachter oder Coach mit Ihnen? Was passiert dabei in Ihrem Körper, was fühlen Sie beim Üben?

- Gibt es Aspekte in Ihrer Einstellung, die Sie gerne verändern würden? Was können Sie tun, damit Ihnen der Lernprozess mehr Spaß macht? Schreiben Sie die Antwort auf: Welche Haltung sollte Ihr innerer Lehrer oder Coach einnehmen, um Sie beim Lernen zu unterstützen? Welche konkreten Sätze sagt er Ihnen? ○

Ich wünsche Ihnen, dass Sie bereits beim Lernen und nicht erst beim „Können" Freude verspüren und auf diesem Weg spannende Entdeckungen machen.

An dieser Stelle verabschiede ich mich von Ihnen. Aber Sie wissen ja: Wenn Sie Interesse haben, tiefer zu gehen, fangen Sie einfach nochmal von vorn an. Dann begegnen wir uns zwischen den Zeilen wieder neu. Experimentieren Sie weiter und finden Sie heraus, wie Sie auf Ihre einzigartige Weise Ihren Anliegen mit der Stimme Raum geben!

Es ist ein großer Vorteil im Leben,
die Fehler, aus denen man lernen kann,
möglichst früh zu begehen.

Winston Churchill

Wir sollten nicht mit dem Forschen aufhören,
und am Ende all unseres Forschens
werden wir dort ankommen,
wo wir angefangen haben.
und diesen Ort zum ersten Mal kennen.

T.S. Eliot

DANKE!

Ich danke allen Teilnehmern meiner Seminare und Einzelcoachings für Ihr Vertrauen und Ihre Offenheit sich ganz einzulassen. Indem Ihr mich in Eurer Einzigartigkeit immer neu herausgefordert habt, wart Ihr großartige und lebendige Lehrer für mich!
Ein Dank auch an die besonders begeisterten Leser und Leserinnen meines Newsletters, die mich mit zum Schreiben dieses Buches ermuntert haben.
Ich danke meiner Familie und allen Freunden, die in der Zeit des Schreibens weitgehend auf mich verzichten mussten, für ihr geduldiges präsent Bleiben. Désirée Flores danke ich, für ihre ermutigende Wertschätzung meiner Arbeit, ihr offenes Ohr und die „Aufladestation“ in ihrer Küche. Außerdem bedanke ich mich herzlich bei dem kleinen Team, dass mich bei der Entstehung und Fertigstellung dieses Buches unterstützt hat:
Meiner wundervollen Lektorin Susanne Reininger danke ich für ihren klaren Blick für das Wesentliche, der zusammen mit ihrer menschlich einfühlsamen Art zu einer beglückenden Zusammenarbeit geführt hat. Danke an Ulf Voigt für seine kreative Pfiffigkeit und den geduldigen Prozess bis hin zum letzten kleinen Zeichen auf dem Coverentwurf. Rainer Krassa danke ich für sein schnelles Einspringen beim Innendesign, für das feine Heraushören und kreative Umsetzen meiner Wünsche.
Last but not least: Ein Danke an alle, die mir auf die eine oder andere Art unterstützend den Rücken zum Schreiben frei gehalten haben.

Übungsregister

Hier finden Sie zum schnellen Nachschlagen und Wiederfinden einen Überblick über die wichtigsten Übungen. In den entsprechenden Impulsen bekommen Sie weitere Anregungen zu den genannten Themen. Manche der Übungen sind doppelt genannt, weil sie mehrere Aspekte miteinander verbinden. Das trifft in gewissem Maße für viele der Übungen zu, schauen Sie deshalb bei Ihrer Suche am besten auch unter verwandten Stichworten nach.

Über die Autorin

Silke Volkmann, Stimmtrainerin, Coach, Querdenkerin. Seit mehr als 20 Jahren unterstützt die Kommunikationsexpertin Menschen unterschiedlicher Berufe und Berufungen dabei, ihre Themen kompetent und mit Leidenschaft zu kommunizieren. Volkmanns Arbeitsweise lässt sich einer „Neuen Schule des Stimmtrainings" zuordnen, deren Ausgangspunkt ein integrales Menschenbild ist. Es begreift jeden Menschen ganzheitlich und in seinem Lebenskontext. Diese individuelle Ausrichtung sorgt für einen optimalen Praxistransfer.

Weitere Informationen über Silke Volkmann und Angebote für Seminare und Veranstaltungen von „Voicepresence" finden Sie auf der Website. Die Autorin freut sich über Ihre Kommentare und Rückmeldungen zu Ihren Erfahrungen mit dem kleinen Stimmkompass.

www.voicepresence.info
mail@voicepresence.info

Notizen

8914357R00086

Printed in Germany
by Amazon Distribution
GmbH, Leipzig